La joie de vivre

Pensées, répliques et anecdotes

CHOISIES PAR
CATHERINE SALVADOR

La joie de vivre

Henri Salvador

collection « les pensées »

le
cherche
midi

DIRECTION ÉDITORIALE : Véronique Séard-Jérôme
CONCEPTION GRAPHIQUE : Corinne Liger

23, rue du Cherche-Midi, 75006 Paris.
Vous pouvez consulter notre catalogue général et l'annonce de nos prochaines parutions sur notre site Internet : cherche-midi.com

Introduction

Henri était un gourmand de la vie, un curieux, un passionné, un jouisseur, un joueur aussi. C'était un homme généreux. J'oserais dire un enfant tellement sa façon d'appréhender la vie était détachée des contraintes d'adulte ; il avait un sens aigu du plaisir et de l'instant présent. Les années lui avaient tant appris.

Ces années, il les avait accumulées avec légèreté, il ouvrait toujours ses grands yeux émerveillés sur le monde et sur les hommes. Il était consciencieux, et scrupuleux d'offrir à son public et à ses amis le meilleur de lui-même.

La vie l'avait parfois blessé, alors il se cachait pour ne pas montrer sa peine ; il était bouleversant de fragilité. Mais la joie de vivre était sa philosophie, alors, pensez donc, comment aurait-il pu se laisser aller à la morosité ?

Henri disait de moi que j'étais son plus joli tourment, je m'étais laissé enchaîner à son amour avec délectation. Je suis entrée de plain-pied dans le bonheur. Il était mon sourire du matin, mes éclats de rire et ma tendresse ; il était le soleil de ma vie et il me tenait bien au chaud dans son cœur ; il était mon plus beau cadeau.

Ce livre reflète tellement l'homme qu'il était, ce n'est pas une biographie mais beaucoup plus, et il n'aurait jamais pu se faire sans la complicité d'une amie chère, Véronique Séard-Jérôme. Elle a partagé avec nous tant d'aventures, sa fidélité de chaque instant lui donnait la légitimité de diriger cet ouvrage. Elle défend et développe aujourd'hui à mes côtés l'œuvre d'Henri. Les éclats de rire continuent à résonner dans les bureaux, tout comme Henri l'aurait souhaité. La route est encore longue pour combler le vide qu'il nous a laissé.

Henri, tu es un homme magnifique, je t'aime.

Catherine SALVADOR

Je n'ai strictement rien à dire
et c'est pour cela qu'il me semble urgent
d'en faire part à mes éventuels lecteurs.

Il est rare que la connerie soit bienfaisante, mais quand elle l'est, il faut lui témoigner de la gratitude.

*

La futilité est élégante, aérienne, gentille et joyeuse.

*

Le doute suit la certitude de près ! Ce n'est pas le doute qui rend fou, c'est la certitude.

*

Ma peau noire est mon étoile jaune !

*

M. POUIC, 1965

« Si on vous proposait un voyage dans la Lune, iriez-vous ?

– Sûrement pas, j'y suis.

– Si vous n'étiez pas devenu une vedette, quel métier auriez-vous aimé faire ?

– Je me le demande.

– Quel a été votre plus gros chagrin de petit garçon ?

– Mon plus gros chagrin était de n'être pas un homme. Maintenant ma plus grande joie est d'être resté un petit garçon. »

*

Il faut que ça s'arrête un jour; j'ai bientôt un siècle! Je suis peut-être le seul mec qui va mourir heureux.

*

Je suis d'esprit très bouddhiste... Et surtout bouliste...

*

Boris Vian aimait le music-hall : c'était ma folie; j'aimais le jazz : c'était sa passion. Notre amitié est partie de là!

*

La littérature m'a rendu moins con. Je passais souvent devant l'école… mais rarement à l'intérieur. On m'a donné mon certificat d'études pour que je m'en aille.

*

Victoires de la musique 2001 :

Il s'en est fallu de peu que ce trophée soit à titre posthume !

*

Votre distinction enflamme mon cœur… Mais vous avez mis longtemps à trouver l'allumette.

*

La musique est universelle. La bonne… Mais la mauvaise aussi !…

*

L'optimisme, c'est quand une dinde en rencontre une autre et lui demande : « Salut, cousine, qu'est-ce que tu fais à Noël ? »

*

La langue française est une grande dame qu'il faut habiller le mieux possible avec de belles paroles et de belles musiques. J'ai le sentiment d'être le Yves Saint Laurent de la chanson française. Or, quand j'écoute ce qui se fait aujourd'hui, je n'entends que des blue-jeans troués et des casquettes à l'envers.

*

Pour moi l'image de la chanson française, c'est une jeune fille de 16 ans, avec une jolie robe à fleurs, qui marche sur les Champs-Élysées par une journée de printemps.

*

À Cayenne, j'étais enfant de chœur. La messe était célébrée en latin. Je ne comprenais rien à cette langue, j'inventais des traductions, et « Libera mas a malo » devenait « Libérez Saint-Malo ».

*

La jeunesse, on doit la vivre quand on est vieux, c'est le seul moment où elle reste acceptable.

*

Je trouve que la vie est la pièce de théâtre la plus drôle qui existe, mais c'est toujours un peu de gris mêlé à un peu de rose.

*

Je suis heureux car maintenant que l'on sait qu'il y a des étoiles où peut-être la vie existe, je devrais être éternel... Je crois en l'âme et en l'éternité. Il n'y a aucune raison que l'Univers tourne et que, nous, on disparaisse.

*

Je me suis souvent servi de mon rire pour cacher ma timidité ou mon ignorance.

*

Je n'aime pas la tristesse, c'est un poison et une inélégance.

*

Je ne suis pas un conservateur, je ne garde rien.

*

Hier n'existe pas. Avant-hier non plus. Aujourd'hui, c'est délicieux. Demain est merveilleux.

*

La frivolité est un endroit idéal pour se cacher quand ça va mal.

*

Un artiste, c'est quelqu'un qui marche à côté lorsque les autres sont sur le trottoir. Les artistes ont des ailes, même si cela ne se voit pas.

*

Les plus belles chansons sont celles qu'on n'attend pas.

*

Le bon Dieu n'a pas l'air de vouloir me laisser tomber.

*

La paresse est une philosophie de vie, un vrai moment de créativité.

*

Un crooner, c'est un type qui ne chante pas mais qui susurre. Ce qu'il faut faire résonner, c'est la profondeur qu'on a en soi... : l'âme.
Quand vous faites la cour à une femme, vous ne lui gueulez pas « JE T'AIME » dans l'oreille, vous lui murmurez doucement... « Je t'aaaaaiiiiiiime ! »

*

Pour moi, l'invention la plus fabuleuse du XXe siècle reste le microphone. Grâce à cette machine, on peut murmurer et être entendu à deux kilomètres.

*

Ceux qui n'ont rien compris continuent de hurler dans le microphone.

*

Je ne suis qu'un enleveur de souci.

*

J'en ai eu marre de faire le lapin, je leur ai conseillé Chantal Goya.

*

En vérité, tout me fait pleurer. La beauté, les gens. Je suis un émotif hypersensible.

*

J'ai le goût du bonheur et de l'amitié. L'amitié, c'est encore plus fort que l'amour. Les amours, ça se casse.

*

Je suis le seul à pouvoir tirer ma révérence encore vivant, car tous les autres sont morts avant…

*

Je ne cherche pas mon public. J'ai toujours fait une carrière improvisée.

*

Je suis un titi de couleur.

*

À quoi ça sert d'être un artiste si on n'a pas de culot ? On ne peut pas aller sur scène et être dégonflé. Ce n'est pas compatible.

*

Comme dit le proverbe indien : « L'esclavage commence par une paire de chaussures vernies... » Alors, moi, je n'aime pas beaucoup les chaussures vernies...

*

Mon rire vient des Antilles ; chez nous, on rit large.

*

Les gens adorent la chanson. C'est une arme fabuleuse, qui peut être politique, scientifique, romantique…

*

Il ne faut jamais m'octroyer les mots, je ne suis responsable que de la musique.

*

Un mec qui dit : « Moi, je », eh bien, c'est un con, parce qu'on n'existe pas... On n'est rien.

*

L'homme est un animal bizarre. Surtout moi.

*

J'ai tout fait pour faire du cinéma, mais c'est le cinéma qui n'a rien fait pour moi.

*

La scène est le seul endroit où le chanteur est vraiment heureux. Les jeunes amènent les vieux, les vieux amènent les jeunes. Avant, je les faisais rigoler. Maintenant, je les fais pleurer.

*

L'argent, c'est le véhicule du bonheur.

*

La première fois qu'on entend dans la rue un inconnu fredonner une de vos chansons, on reste tout chose. Et puis, on s'habitue à tout.

*

J'adore les adverbes, évidemment, effectivement, merveilleusement, fabuleusement, naturellement, passionnément. Pour les défendre, j'ai même fondé une association : la SPA, la société de protection des adverbes.

*

Je suis né dans une société où il y avait plus de bénitiers que de salles de bains.

*

Devant le cercueil d'un con, j'aimerais dire : « Il était con jusqu'à la perfection. Si l'éternité arrive à l'améliorer, c'est que les miracles existent. »

*

La poésie, contrairement à la musique, n'a pas une âme voyageuse, elle est capable d'un seul paysage : la langue de son pays.

*

Aux amateurs de drôleries, je les informe que « L'Internationale », air d'une lourdeur archaïque, a été (est peut-être encore) l'hymne national des Seychelles. Elle est chantée en créole et sur une cadence de biguine. Écoutez-la au moins une fois...

*

Pour moi, la mort est comme une seconde naissance. Je suis très optimiste, nous faisons tous partie de l'Univers, ce truc absolument gigantesque et infini : on meurt, on revit, on renaît pour l'éternité.

*

Surnoms d'Henri :

Fireball (« Boule de feu ») pour les USA, « Manolete de la chanson » pour l'Espagne, la Balle de ping-pong pour le Canada, Canonette pour l'Italie, et The Man Crazy Gang pour les Anglais.

*

Anecdote :

Pour l'ouverture de l'Olympia, Bruno Coquatrix m'avait établi un contrat minable. Du coup, à la place de la signature, j'avais écrit en bas à droite : « Mes couilles... », et sur le double : « Toujours les mêmes. » Et je l'ai retourné à l'employeur.

*

La télévision est un robinet à images : si vous tombez dedans vous êtes cuits !

*

Anecdote :

Caetano Veloso (que j'adore !) arrive dans le studio du quartier de Barra complètement décalé, crevé. Il venait de Paris, où il avait chanté en l'honneur de Pedro Almodovar à la Cinémathèque française. Je dis : « C'est qui ce con ? » Catherine, ma femme, me souffle : « C'est Veloso ! – Ouh la... merde ! »

*

Anecdote « Nos ancêtres les Gaulois » :

« Un jour, j'ai raconté à Boris Vian que, à Cayenne, un de mes maîtres d'école avait commencé son cours d'histoire par "Nos ancêtres les Gaulois". Je m'étais retourné et je n'avais vu que des petits Noirs. Badaboum ! Il en a tiré « Faut rigoler ». Plus tard, dans une cuisine, Goscinny et Uderzo ont entendu la chanson à la radio. Ils cherchaient une idée : ce fut Astérix. »

*

Anecdote Popeye :

Lors de notre arrivée à Rio, nous jouions au casino de la Urca, la salle était climatisée, les femmes avaient mis leur fourrure. Le public était froid. Ray Ventura est venu vers moi en me murmurant : « Sauve-nous ! » Je refaisais très bien Popeye le marin, alors je me suis lancé. Ce fut un triomphe : le lendemain, tous les journaux ont fait leur une avec le numéro de Popeye. Ensuite les Brésiliens m'ont appelé comme ça !... Oum Popaye !

*

Anecdote Louis Jouvet :

Un jour, en Amérique du Sud, nous avons joué à plus de 4000 mètres d'altitude. À cette époque, le grand comédien Louis Jouvet y faisait également une tournée. Un soir, il vient voir notre spectacle. Il n'a pas desserré les dents du début à la fin. Il est venu me voir dans la loge juste après et m'a dit : « Merci. Il y a longtemps que je n'avais pas autant ri. »

*

Anecdote « Syracuse » :

La chanson « Syracuse » a été écrite en une seule nuit. Bernard Dimey avait bu trois bouteilles de whisky. Je n'ai pas eu le temps de finir la mélodie qu'il avait terminé les paroles, j'ai donc fini la musique tout seul.

*

J'aimerais me survivre encore un demi-siècle, car je suis certain que bientôt on découvrira que c'est l'homme qui a créé l'homme.

*

Tchimbé raid pa moli (« Tiens bon raide, ne mollis pas »).

*

Il faut se méfier des simples d'esprit. Ils sont souvent les plus rapides à découvrir la vérité.

*

Un adepte du yoga, en position du lotus, a au moins un avantage sur un rugbyman dans une mêlée : il ne transpire pas.

*

Le temps est la seule chose dont dispose un être humain.

*

Je n'ai pas la sensation d'être vieux, ce sont toujours les autres qui me rappellent mon âge.

*

Plus les gens ont un gros cerveau et moins ils aiment prolonger des débats trop sérieux.

*

Il n'est pas rationnel d'avoir peur du public. Il n'est qu'amour.

*

Proverbe maquignon :
« Un cheval heureux pète en sortant de l'écurie. »

*

Un artiste, c'est comme un tableau, il n'a de valeur que celle qu'il exige.

*

La télé, je trouvais ça magique : c'est le spectacle où tous les spectateurs sont au premier rang.

*

On me demande souvent : « Vous avez une bonne santé ? – Pourquoi, vous êtes docteur ? »

*

La mélodie est un enchantement perpétuel… C'est comme la mer… Elle vient et repart par vagues.

*

Depuis le temps que j'existe, ça va bien m'arriver, mais ça ne m'arrive pas… Donc je prends mon temps…

*

Émission « Tout Le monde en parle » (novembre 2006), Radio-Canada :

Lepage : Est-ce que votre vie est toute simple ?

H. Salvador : Ma vie est très bien. Je n'aime que deux choses dans la vie : ma femme et les chansons.

Lepage : Je croyais que vous alliez me dire : « Ma femme et toutes les autres ! »

H. Salvador : À mon âge, j'ai plus la force...

Toujours dans la même émission. Henri est assis à côté de Gilles Vigneault, grand défenseur du Québec, de la langue et de l'âme québécoises. Il se tourne vers Gilles :

« Là, vous avez le géant... Ça, c'est tout le Canada pour moi... » Le sourire de Gilles Vigneault se fige, et son regard s'éteint, et Henri lui caresse le crâne... Un grand éclat de rire dans le public. (N'oublions pas que c'est un indépendantiste québécois !)

Entrevue éternelle De Lepage :

Lepage : On vous annonce que vous vivez éternellement. Est-ce que c'est une bonne nouvelle ou une mauvaise nouvelle ?

Henri : Oh, je crois que c'est une bonne nouvelle, mais je crois que, à 120 ans, je serai pas beau à voir !

*

Lors de l'avant-première du *Roi lion*, un journaliste me demande ce que j'en ai pensé. Pour éluder une réponse négative, j'ai dit : « Le lion est mort ce soir. »

*

Je suis amoureux de la guitare comme d'une femme. Les gens ne peuvent pas comprendre s'ils n'en jouent pas. J'aime toutes les femmes, c'est ma corde sensible.

*

À partir du moment où tu es un chercheur, tu n'es pas vieux... Un vrai vieux, il ne cherche plus, il n'attend que la mort...

*

Le rock, c'est du mauvais jazz !

*

Ce qui m'obsède le plus, c'est mon lit. Si j'avais été milliardaire, je me serais payé le plus beau bateau du monde, avec le meilleur lit, et je serais encore en train de dormir.

*

La musique, ce n'est pas douze notes. C'est douze notes plus douze notes plus douze notes plus douze notes plus douze notes... Et les plus jolies notes sont les notes étrangères...

*

Le public est comme un animal avec des millions d'yeux. Si ça lui plaît, tous les regards sont braqués sur vous, mais s'il y en a un autre qui chante mieux, tous les yeux se retournent et vous disparaissez.

*

Je suis un gros veinard qui a vécu sur un nuage.

*

« Adulte » est le mot le plus laid du dictionnaire. Il signifie qu'on a perdu le rêve, qu'on vit avec les réalités.

*

La qualité, en général, est une arme merveilleuse.

*

Les nostalgiques sont des cons, ils ne vivent pas.

*

Pour mes 108 ans, j'ai un projet de disque...

*

Ma spécialité est le *mi* bémol... Je l'ai rencontré dans la cordillère des Andes.

*

J'adore ce métier, mais j'adore ne rien faire... Je suis le champion du monde pour ça...

*

Un musicien de jazz ne fait pas seulement de la musique, il improvise. Le jazz, c'est de l'improvisation.

*

Dans une chanson, il ne faut pas tuer les mots, il faut les respecter.

*

On ne me fait pas travailler, c'est pour ça que j'engage des gens, ils travaillent pour moi.

*

J'ai deux profs de chant : Nat King Cole et Frank Sinatra. On n'a pas fait mieux depuis!

*

Le micro est l'oreille la plus sensible du monde. Le microphone est un ustensile d'une sensibilité extrême... comme une femme d'ailleurs.

*

J'ai voulu me marier car, quand on respecte une femme, on l'habille de son nom.

*

La vie est passionnante quand on fait ce que l'on aime.

*

Quand les paroles sont bien écrites,
elles chantent.

*

Anecdote : Interview du *Figaro*, France-Amérique, 2002

La journaliste : Que représente pour vous la sortie de l'album « Chambre avec vue » aux États-Unis ?

Henri : Qui ça ? Moi ? Mais je m'en fous...

La journaliste : Oh non, c'est tout l'aspect de France-Amérique !!!

Henri : Ben, mettez aut'chose, mettez ce que vous voulez, mon p'tit... C'est vous, la Liberté !

*

Ma femme est mon plus joli tourment.

*

Je suis le seul artiste qui ait arrêté le music-hall vingt-deux ans pour jouer aux boules.

*

Je veux vivre d'abord, travailler ensuite.

*

Le lit est la plus grande des inventions ; d'ailleurs, je travaille dans mon lit.

*

Mon luxe, c'est les vacances.

*

Las Vegas est le Disneyland des vieux.

*

Lorsque j'étais au Brésil dans les années 1940, j'étais un homme malheureux dans le bonheur.

*

On est toujours à la poursuite d'imitation de mauvaises choses.

*

Avec ma voix de velours, je caresse les mots.

*

Je zigzague entre les modes, grâce à ma fantaisie.

*

Une chanson, c'est une mélodie, trois mots, des mots de rien qui courent dans les rues, et une émotion. Les trois mots pour créer une chanson : amour, toujours, soleil. La chanson est un art mineur, une petite chose de la rue.

*

J'ai participé à la dictée de Pivot, j'ai fait un cent fautes.

*

Les philosophes racontent plein de choses différentes mais sont d'accord sur un point : on est tous baisés.

*

Il faut se méfier des gens qui rient. Ils se cachent. En général, ce sont de foutus provocateurs.

*

Je suis sensible à la fragilité du bonheur.

*

Ce qui m'inspire le plus, c'est l'aspirateur. Il aspire, et tout de suite, ça chante dans ma tête.

*

Je n'aime pas le téléphone. Un jour, une amie m'a dit : « Quand mon téléphone sonne, c'est quelqu'un qui pense à moi ! » Moi, quand il sonne, je me dis : « C'est un emmerdeur qui pense à moi ! »

*

L'art est le summum de la compétence dans sa spécialité.

*

J'ai fait très peu de cinéma... Mais j'ai eu la chance de tourner quelques scènes de baisers avec une partenaire ravissante. Une fois, je me suis tellement régalé en l'embrassant que je lui ai fait un lavage du foie...

*

Ce n'est pas le mec qui fait la chanson, c'est la chanson qui fait le mec...

*

Mon père voulait que je fasse docteur ou avocat... Ah, ben tiens, j'aurais été beau en avocat! Tous mes clients auraient fini en prison... Et si j'avais été médecin, mes patients auraient été morts de rire...

*

Boris Vian était mon encyclopédie vivante. Je n'avais qu'à lui poser une question, il avait toujours la réponse. Je me suis instruit à ses dépens. C'est lui qui m'a donné l'amour des mots. Je suis devenu un amoureux de la chanson française à 200 %.

*

Je dors beaucoup, c'est la base de mon énergie.

*

Quand je suis arrivé à Paris en 1924, quelqu'un dans la rue m'a traité de « nègre ». Ah, ces Français, quels sauvages ! Ils se sont civilisés depuis !

*

Quand l'Académie française m'a décoré en 2000, je me suis dit : « Aïe ! J'ai un pied dans le trou, maintenant ! »

*

Il y a deux choses dans la vie où il ne faut pas courir derrière : c'est l'argent et les femmes.

*

J'ai monté ma propre maison de disques. Je suis mon propre président-directeur général-auteur-compositeur-interprète. J'espère bien m'entendre pour m'exploiter convenablement.

*

L'irrévérence est une forme de la politesse, une manière de dire différemment la vérité. Il y a de l'irrévérence partout dans notre vie d'aujourd'hui. Tenez, par exemple : un monsieur va chez le docteur; il a les jambes recouvertes de bleus : « Football ? lui demande le médecin. – Non, bridge ! »

*

J'adore qu'on écrive pour moi. C'est toujours autant de temps de gagner... pour dormir et rêver à côté... d'un magnétophone.

*

Dans la vie, il faut oser. Le culot est la richesse de la jeunesse.

*

Je suis un fantaisiste crooner.

*

Je ne suis pas un séducteur, c'est-à-dire que les femmes viennent facilement à moi. Ce sont les femmes qui ont toujours voulu me tomber…

*

Quoi qu'on fasse, on n'est que la suite d'un héritage. Nous sommes tous le dérivé de quelqu'un d'autre.

*

La chanson française se construit avec des mots de tous les jours, qu'on fait rimer.

*

Le compositeur est mineur au départ, et majeur à la fin... Avec le temps, les textes disparaissent et la mélodie reste.

*

J'ai la chance d'avoir un petit oiseau dans la tête qui chante encore et qui me siffle de jolies mélodies ; quand il arrête de chanter, je pars jouer aux boules !

*

Je suis comme un enfant, puisque je ne fais que ce qui m'amuse : quand je chante, ça m'amuse ; quand je fais de la télé, ça m'amuse ; quand je joue à la pétanque, ça m'amuse : je ne sais pas ce que c'est que travailler.

*

Qu'est-ce qu'on est sur terre ? Un grain de sable, et encore…

*

C'est très sérieux de faire rire les gens ; je fais sérieusement des choses drôles.

*

« Zorro est arrivé ». Ça a foutu le feu en France, ça a été un vrai tube. À tel point qu'un jour, à Cannes, j'étais sur mon balcon. Il est passé le Tour de France sous mes fenêtres. Quand ils m'ont vu, tous les cyclistes ont chanté : « Zorro est arrivéééééééé... »

*

Ma plus grande émotion musicale : avoir chanté avec l'orchestre de Count Basie dirigé par Quincy Jones au festival de Montreux.

*

On m'a demandé pour ma musique de faire de la soupe : comme je suis un bon cuisinier, j'ai fait de la bonne soupe.

*

Je n'aime pas quand ma sensibilité triomphe de moi.

*

Ce n'est pas tellement le mariage qui est merveilleux. C'est après !!!

*

Il n'y a rien de plus monotone que d'être fixe. C'est avec la diversité qu'on amuse le public.

*

À l'occasion du 150e anniversaire du *Larousse*, Henri Salvador apparaît pour la première fois dans le dictionnaire. « Je suis très flatté, moi qui adore la langue française. Je suis à genoux devant elle, je la défends. Je suis maintenant à son service... Et puis... on se sent moins con ! »

*

Chanter est comme une situation amoureuse.

*

Je n'aime pas les anniversaires... C'est un an de plus... Un an de plus vers la mort !

*

Dans les concerts, ce qui me passionne,
c'est d'étonner à chaque fois le public.

*

Il y a plus de 2000 chansons inédites, chez moi.

*

21 décembre 2007, palais des Congrès, dernier concert : « C'est une déchirure de vous quitter. »

*

Si l'optimisme était une maladie, je serais un grand malade.

*

Je suis l'artiste le plus sage de ce métier : je ne fume pas, je ne me drogue pas, je ne bois pas.

*

Il y a des gens qui mentent comme ils pissent.

*

J'ai fait tous les métiers avant de devenir chanteur… Ma vie est un accident.

*

Je suis assis dans le grand fauteuil du Monde.

*

Je suis d'une grande timidité... Mon métier m'aide à la combattre. Aujourd'hui encore, je suis incapable de rentrer seul dans un salon de thé. Il n'y a que sur scène où je suis content qu'on me regarde.

*

Mon but est de distraire, de faire rire et d'être tendre à la fois. Il y a des gens qui ont forcé les poules à pondre plus vite. Eh bien, leurs œufs ne valent rien. Pour avoir la qualité, il faut prendre son temps.

*

Une fois, Jean Nohain m'a demandé si je voulais faire partie de la Ligue antiraciste. Je lui ai dit : « Jean, je n'ai rien à y faire. Comment veux-tu que je parle de racisme, moi, avec ma couleur de peau ? »

*

La télévision est une fête. Je préfère que les téléspectateurs me voient moins mais mieux.

*

Il faut bouger, on doit être en mouvement, à l'image de l'Univers.

*

Je ne travaille pas, je n'ai que des loisirs…
Mes loisirs, c'est mon travail.

*

Le succès, c'est un truc tordu. C'est comme marcher sur un fil. Faut avancer et penser à autre chose.

*

Rencontre avec Boris Vian :

C'est Jacques Diéval, mon pianiste, qui nous a présentés. Cinq minutes après, on était potes. Il aimait le jazz, moi aussi. Il aimait la science-fiction, moi aussi. Il aimait le music-hall, moi aussi.

*

Vous savez, tous les hommes politiques passent à la télé maintenant, ils ne sont plus crédibles. Chaque fois qu'ils parlent, tout le monde se marre. En fin de compte, il n'y a plus que les artistes qui aient raison.

*

Ma famille, c'est le petit peuple dont je suis issu et qui me ressemble. Il est petit, c'est ce qui fait sa grandeur.

*

Les malins qui se débrouillent pour ne pas subir la société sont plus intéressants que les non-malins qui la subissent.

*

L'homme idéal ? Un homme qui affirmerait : « Je ne veux ni commander ni obéir. »

*

Le public est vaste, il faut satisfaire tout le monde. L'ouvrier n'a pas les mêmes goûts que l'homme du grand monde ; l'amateur de jazz n'aime pas les mêmes choses que le fada de la musette.

*

Un soir, avant un concert, je grimpe tout en haut, sur les derniers balcons. Je me suis aperçu que le gars qui payait sa place, de là-haut, il me voyait tout riquiqui. Et c'est souvent celui-là qui applaudissait le plus fort. Alors, j'ai décidé de faire de la télévision car tout le monde est au premier rang. Je me suis dit que j'allais essayer de faire rigoler la caméra.

*

Une bonne carrière, c'est une carrière de sueur.

*

De toute façon, le travail, c'est mon élixir de jouvence. Je ne vieillis pas quand je travaille.

*

Le jazz reste la base de tout, car c'est une musique libre. La musique classique ne l'est pas. On ne peut pas se permettre d'improviser.

*

Je pense que la retraite devrait être effective à 20 ans. C'est à cet âge que l'on a la force de faire des choses, et on commencerait à bosser à 45 ans !

*

Les coups, je les attends… et ils passent, sans prise sur moi. Je vois la vie en bleu.

*

Je ne sais pas dire non, je ne connais pas ma valeur.

*

Plus que l'instruction comptent l'intelligence et l'humilité.

*

Je suis un homme plein de légèreté et qui aime le plaisir.

*

Je ne cours pas après la chance, je l'espère. Le bonheur appelle le bonheur !

*

Boris Vian m'appelait « l'homme qui raccourcit les heures » !

*

La vie, on doit savoir la vivre, et si on doit partir, partons.

*

Je n'ai pas peur, mais je ne veux pas souffrir ou devenir gâteux. Je veux mourir caché, comme les éléphants.

*

Je fais l'amour avec énormément de douceur, et même le meilleur des sirops n'est pas aussi suave que moi.

*

Je suis rêveur et joyeux, c'est un fait... Je ne sais pas si, pour préparer mes chansons, je me réjouis rêveusement, ou si je rêve joyeusement...

*

Le rire??? C'est, d'abord, la liberté. Parce que, vraiment, je ne connais pas beaucoup de gens qui ont ri en prison.

*

J'ai toujours refusé de chanter dans des stades. Je ne suis pas un footballeur, je suis un chanteur.

*

Anecdote D. Reinhardt :

J'ai travaillé avec Django Reinhardt. C'était un amour. Mais il était terriblement jaloux de ses accords. La première fois que j'ai joué avec lui, je me suis mis à droite. Et je ne pouvais m'empêcher de regarder ses doigts pour voir les accords. Le lendemain soir, il m'a placé à sa gauche. Il en avait assez que je lui pique ses trucs.

*

Un spectacle bien réglé, c'est une véritable mécanique. Vous savez, il y a 100 000 détails pour amener le public à soi, pour faire monter la tension. Il faut l'attraper dès le départ en douceur, puis, petit à petit, quand on sent que la folie commence à gagner, il faut s'en aller. Un rappel, peut-être, mais c'est tout !!! Là, vous avez gagné !...

*

Les mains, c'est magique ! Magnétique, même. Ça met en valeur des mots, ça donne de la puissance, ça fait taire les gens.

*

La meilleure façon dans la vie est d'y aller mollo. Regardez, par exemple, les courses de marathon : c'est pas toujours celui qui est premier au départ qui est donné vainqueur à l'arrivée.

*

*

J'ai aimé les femmes que j'ai voulues.
J'en ai eu quatre.

La première, ça n'a pas marché. C'est un pari. Je me promenais sur le bord de mer à Biarritz avec un copain, et je lui ai dit : « Si cette fille dit oui, je l'épouse ! » Elle a dit oui. Sept ans de malheur !

Avec la deuxième, Jacqueline Garabedian, je suis resté marié vingt-cinq ans. Quand elle est morte, j'ai perdu mon âme.

Il y a eu la troisième : une emmerdeuse. Je lui avais offert une maison en Corse pour son anniversaire. Quand elle l'a vue, elle a dit qu'elle n'aimait pas la couleur ! Ça m'a fait mal, quelle peau de vache ! Quand elle est morte, je me suis acheté une montre Piaget pour fêter l'événement.

Et puis, il y a Catherine, c'est mon dernier miracle !

*

*

J'ai toujours décortiqué une chanson comme on bouffe une huître : jusqu'au bout.

*

Il faut savoir prendre la vie avec le sourire. Au cours d'une vie, on connaît plus de jours merveilleux que de coups durs.

*

On m'a proposé de partir travailler aux États-Unis avec un contrat de deux ans offert par l'agence William Morris. Je devais faire des shows TV, tourner avec John Wayne... Je leur ai demandé quand étaient prévues les vacances. Ils m'ont répondu : « Dans deux ans ! » Je leur ai dit : « Goodbye... »

*

Quand on avait fini le concert vers 2 h 30 du matin, Django Reinhardt m'emmenait à Montmartre et me disait : « On va faire le bœuf ! » Je croyais qu'on allait manger. On retrouvait tous les musiciens noirs américains, et on jouait. Quinze ans après, j'ai vu que, ces gars-là, c'étaient Lester Young, Benny Carter, tous les cracks ! Je les traitais comme des copains. Quelle époque fabuleuse !!!

*

L'avant-guerre en France était merveilleux. Je me souviens m'être roulé par terre sur les Champs-Élysées pour faire rigoler les copains. On ne peut plus faire cela aujourd'hui. L'humour a disparu. Si Francis Blanche revenait, on le détesterait.

*

Je me sens tellement jeune que je pourrais faire un disque de rap. Sauf que, finalement, je trouve que c'est plus un moyen d'expression qu'un courant musical.

*

Si le monde va vite, c'est son problème. C'est à chacun d'entre nous de décider de sa vitesse de croisière.

*

Le travail est une valeur essentielle que je défends. Tout comme je continue de crier qu'on n'est pas tout et que ne rien faire est aussi une activité saine.

*

Je reste subjugué par la magie du moment où l'on trouve une mélodie. Il n'y a finalement que douze notes. Tout devrait être écrit. Eh bien, non ! Parce que, dans l'intervalle de ces notes, on y met du sentiment, du cœur, de la sensibilité, de l'inattendu.

*

J'ai souffert, donc maintenant j'ai le droit d'aller bien.

*

Mon moteur a été la fierté ; j'ai voulu être le meilleur.

*

Quand un enfant choisit sa voie, il faut le laisser faire, c'est qu'il a senti quelque chose frémir à l'intérieur.

*

Écrire des paroles n'est pas mon métier. J'ai essayé mais ce n'était pas bon. Je me charge de la musique, mais, pour le reste, je suis ambassadeur du mensonge.

*

Vous savez ce que disent les hindous au sujet de la réincarnation : on meurt, et lorsque l'on revient, on recommence de là où on est arrivé. Alors si vous n'avez pas évolué... vous restez un con.

*

La Star Ac' ? C'est la plus grosse fabrique de malheureux que j'ai vue !

*

Dans la rue, je rencontre régulièrement des jeunes rappeurs qui me lancent : « Respect, m'sieur Salvador ! »

*

Le jour de l'enterrement de Boris Vian, les fossoyeurs étaient en grève. Avec les copains, on a dû mettre son cercueil en terre. C'est digne d'une scène finale d'un livre de ce génie.

*

En Guyane, mon père commandait ses costumes à Paris, il recevait des catalogues de La Samaritaine. Il y avait toujours des messieurs avec un beau pardessus ou un beau costume, et, derrière eux, on dessinait les monuments, et c'étaient des traits. Alors, pour moi, Paris était une ville toute blanche. Et, quand je suis arrivé, la première chose que j'ai vue, c'est une ville toute noire… Je me suis mis à pleurer.

*

Il faut beaucoup de mémoire à mon âge. Je me suis rappelé qu'il y avait quelque chose qui durcissait. Non, je ne me pourris pas la vie au Viagra. Je suis encore très amoureux de ma femme.

*

La Saint-Valentin, Noël, le 14 Juillet ne m'intéressent pas. Tous les jours, c'est une fête !

*

C'est vrai, je préfère jouer aux boules que travailler. Mais ce que les gens ne savent pas, c'est que, pendant que je joue aux boules, je compose.

*

Je me suis amusé à improviser toute ma vie... Et ça finit plutôt joliment... je trouve !

*

Je déteste les croupiers au casino... Ils ne vous donnent jamais le bon jeu...

*

La scène est une drogue.

*

Je ris de tout, car pour ainsi dire, tout est drôle.

*

Un jour, à Montréal, je cherchais une rue. Je demande mon chemin à un monsieur qui me répond : « Je vous y emmène ! » À Paris, le mec m'aurait dit : « Démerde-toi ! »

*

Quand j'ai écrit la chanson « Syracuse » avec Bernard Dimey, je l'ai donnée à Jean Sablon. Il a adoré la chanson, et il est parti visiter Syracuse. Quand il est revenu, il m'a dit : « Dis donc, t'es un salaud, toi ! Qu'est-ce que c'est que cette merde de pays ? » Il en a quand même fait un succès. Je n'y suis jamais allé. On m'a proposé la clé de la ville, mais, vu ce que m'avait dit Jean Sablon, j'ai préféré laisser la clé !...

*

Quand on me demande mon âge, je dis que j'ai un siècle.

*

À la télévision, quand on enlève le décor, l'artiste est libre et l'écran est plus grand.

*

J'ai toujours dit ce que je pensais... au risque de me prendre un coup de poing... Mais j'ai toujours su esquiver.

*

L'humour se perd. Aujourd'hui, quand on fait un trait d'humour, les gens ne se disent pas : « Ah! C'est drôle! » Mais : « Ah! C'est méchant! »

*

Django Reinhardt! Ce qu'il faisait avec deux doigts, je n'ai pu le faire qu'avec quatre.

*

Maintenant, je peux faire la distinction entre un intellectuel con et un intellectuel intelligent. Quand c'est un intelligent, je fais attention. Parce que les intellectuels, les vrais, me sont supérieurs. Je connais ma propre valeur.

*

L'art, c'est de s'en foutre!!!

*

Un artiste est celui qui arrive ou à faire rire ou à faire pleurer. Là, au moins, il a atteint quelque chose, il a ému les gens.

*

La foule et l'armée, même combat : il est donc normal que les révolutions du peuple se terminent sous une autorité militaire.

*

Il faut du temps pour former un artiste. Ça peut prendre dix ans, douze ans. C'est épouvantable tout ce qu'il faut apprendre : parler, respirer, marcher, sourire, arriver à l'heure. Souffrir...

*

Mon souvenir des fonts baptismaux où ma mère me porta en 1917 n'est pas si loin de la matinée d'hier où je suis allé perdre mon bel argent au PMU...

*

Dès le début des années 1950, nous étions inséparables avec Boris. Dans les rues de Saint-Germain-des-Prés, quand on voyait Boris, on disait : « Tiens, Salvador ne doit pas être très loin ! », et inversement. Le nombre de canulars que Boris a imaginés lorsque nous marchions. Un jour, il a passé une annonce dans un journal faisant croire qu'un réalisateur cherchait un bossu pour un film. Le casting devait avoir lieu place de l'Alma (7e arrondissement). Nous nous étions planqués un peu en retrait. Pas moins de 250 bossus sont venus. Quelle belle rigolade !

*

J'écouterai les bulletins de la météo quand ils seront exprimés dans le langage d'Andersen : ce matin, le vent d'est est arrivé sur les côtes normandes. Il était habillé en Chinois.

*

La guitare, c'est comme une femme : vise, mon pote, vise un peu la courbe des épaules, le velouté de la hanche... Et puis, comme dans l'amour, elle chante quand on la caresse.

*

J'ai toujours préféré observer les autres que m'exhiber.

*

Je n'aime que les publics difficiles, je me bats toujours pour qu'il soit debout à la fin.

*

Je suis ancré dans ma peau. Je l'aime. Je crois à la réincarnation ! Quand je vois un Blanc raciste, je me dis : « Toi, mon vieux, dans une autre vie, tu seras tout noir ! »

*

Lors de balades à Buenos Aires avec Roger Caillois, je ne comprenais pas pourquoi il me posait autant de questions, lui, l'intellectuel ! Sans doute voulait-il connaître les pensées d'un idiot.

*

Utiliser l'art pour faire du fric, c'est tuer l'art.

*

Aujourd'hui, chanter, c'est d'abord ne rien dire. Ce qui entraîne la déconfiture de l'idéalisme, de la belle exaspération des sentiments.

*

J'aime le thé... de Chine, je n'en abuse pas trop, sinon ça m'empêche de dormir. Je suis comme le commandant... Couche-tôt !

*

Un jour, juste avant mes 80 ans, j'ai croisé une vieille dame. Elle n'avait plus de cheveux, plus de dents, rien... Arrivant à ma hauteur, elle me crie : « Henriiiii ! » Je sursaute : « Oui, madame... Vous désirez ? – Nous sommes nés le même jour de la même année ! »

*

Il y a tant de choses imperceptibles dans la vie que l'on ne sait plus voir.

*

Je n'ai jamais eu la baraka avec le cinéma. Clouzot et Becker m'avaient pressenti pour des rôles, Cukor et Katharine Hepburn étaient venus des États-Unis : l'un est mort, l'autre est tombé malade, les deux derniers n'ont pas trouvé le blé ! Pas de pot, non ?!

*

Une bonne chanson est bonne pour l'éternité et une mauvaise chanson est mauvaise pour l'éternité.

*

Je crois en l'homme. Je crois que l'homme va se « refabriquer » lui-même.

*

La réussite, c'est quand je marche dans la rue, qu'un type triste passe à côté de moi, et qu'il sourit. Ça veut dire que je suis un peu de soleil pour lui.

*

Anecdote « Le Loup, La Biche Et Le Chevalier » (« Une chanson douce ») :

Quelle belle histoire ! Un soir de 1950, Maurice Pon arrive dans ma loge avec une chanson, timidement. Il était comptable dans une maison qui vendait du charbon. Je lis les paroles. C'était superbe. J'ai fait la musique tout de suite, elle coulait de source. Puis nous avons fait des tas de chansons pour les mômes : « L'Abeille et le Papillon », « Le Petit Indien »...

*

Si on me demande de travailler, je veux bien travailler, mais je préfère qu'on ne me demande rien du tout.

*

La revanche de la face B, c'est moi !

*

Dans la vie, si vous faites attention, tout arrive trop tard. Mais moi, je trouve que le « trop tard » arrive au bon moment !

*

J'ai 83 ans, je ne les sens pas. J'ai toujours 17 ans... sauf le matin !

*

J'arrête la scène mais je n'arrêterai pas de chanter. J'ai toujours la même voix, la même tessiture. Je ne veux pas priver la France d'un si bel organe... merde, quoi !!!

*

Mon médecin m'a dit un jour que j'avais le cœur d'un marathonien... mais 42 kilomètres, c'est trop long... Ce n'est pas dans mes cordes.

*

La base du spectacle, c'est le détail.

*

Je suis à la scène comme dans la vie. Je ne comprends pas qu'on puisse avoir deux visages.

*

Mes deux partenaires aux boules : un croque-mort et un qui bosse à l'hôpital ! Voyez, je ne suis pas très loin de la mort.

*

Les gens méchants, il faut les excuser, ils ne savent pas...

*

Il y a tellement de surprises dans la vie qu'il doit y avoir aussi des surprises dans la mort.

*

À Cayenne, quand j'étais petit, j'étais très bagarreur. Je me battais tout le temps avec un petit gars que je ne pouvais pas blairer. Tous les soirs, après l'école, on se retrouvait sur la place des Palmistes et on se battait. Un jour, j'ai sonné chez moi, quand ma mère a ouvert, elle a dit : « Vous désirez ? » Elle ne m'avait pas reconnu tellement j'étais abîmé.

*

Quand j'étais jeune, je travaillais au Jimmy's Bar; il y avait Al Brown, le grand boxeur américain, qui venait me voir jouer. Un jour, il me dit : « Dis donc, toi ! Tu voudrais faire de la boxe ? » Je dis : « Oui, oui... – Écoute, demain, tu vas à Montmartre, tu vas voir tel entraîneur, car je trouve que tu as la corpulence. » Le lendemain, je me pointe, le type me dit : « Bon, t'y es là ? Tiens, prends les gants. » J'arrive sur le ring. Il me dit : « Alors, la première chose qu'il faut savoir faire dans la boxe, c'est encaisser ! » Et bang ! il m'en balance une sur le nez... J'ai enlevé les gants, il ne m'a plus jamais revu, le gars !

*

Les scientifiques, eux, ne se passionnent que pour la carcasse, mais ils ne savent pas que, à l'intérieur, ce qu'ils ne découvriront jamais, c'est l'âme perpétuelle. C'est celle-là qu'il faudra arriver à trouver, mais ils n'y arrivent pas... car c'est du divin.

*

Quand on me demande comment je vais, je réponds : « À pied. »

*

Quand la TV couleur est arrivée, un journaliste m'a demandé si on allait me voir en couleurs ? J'ai répondu : « Bah, écoutez, je suis assez bronzé comme ça !! »

*

J'ai hérité du rire éclatant de mon père...

*

Je ne suis pas un joueur de pétanque, je suis un joueur de provençale. Le jeu de la provençale est un sport, la pétanque est un jeu. D'ailleurs, la pétanque a été inventée par un infirme. C'était justement un joueur de provençale qui s'était cassé les deux jambes. Il s'est assis sur une chaise à roulettes, et puis il a voulu jouer aux boules. C'est comme ça que la pétanque a été créée. Tout ça pour vous dire que la pétanque est un jeu d'infirmes... ah, ah, ah...

*

Le travail, pour moi, est une chose sacrée, je n'y touche pas!

*

Ma mère avait peur que je fasse une fugue, une escapade quand j'aurais 15-16 ans. Alors, elle a inventé une histoire merveilleuse. Un jour, j'étais tout jeune, elle m'a dit : « Je vais te raconter une histoire, il faut que tu fasses exactement ce qu'il y a dans cette histoire. Il y avait un petit garçon, comme toi, qui avait un petit poisson rouge dans un bocal. Et ils étaient amis, ils s'aimaient bien, ils se parlaient. Le petit poisson le suivait partout sitôt qu'il était autour du bocal. C'était merveilleux, et le petit garçon voulait que son petit poisson goûte un peu à ce à quoi il appartient. Il voulait l'amener dans la mer pour qu'il soit en liberté. Ça lui faisait de la peine de le savoir dans son petit bocal. Alors, un jour, quand sa maman est partie, il a pris le petit poisson, il a été sur la plage, et il a mis le petit poisson dans la mer. Le petit poisson s'est mis à nager, et, lui, il était content, il avait son petit compagnon en liberté. Le petit garçon a regardé l'heure, il savait le moment où sa mère allait rentrer. Il a appelé son ami en chantant, et le petit poisson revint, parce qu'il avait entendu son ami ! Alors, il prenait son petit poisson et le ramenait à la maison. Et comme ça tous les jours. Il profitait que sa mère n'était pas là pour l'emmener faire sa balade. Un jour que le petit poisson faisait sa baignade quotidienne, le petit garçon, distrait, s'est mis à l'appeler en chanson. Il attend, et le petit poisson ne répond pas. Un peu effrayé, il l'appelle encore une fois. Toujours rien, alors, affolé et pleurant, il l'appelle encore. Toujours rien, et, en regardant sur la mer, il voit une petite tache rouge. Le petit poisson s'était fait tuer. »

*

Le rire n'est pas une chose qui s'étudie, on naît avec. D'ailleurs, la plupart des gens qui font rire n'ont pas appris le métier. Ils ont un don et après ils exploitent ce don.

*

Anecdote :

J'ai appris tout seul à jouer de la guitare. Mon père m'a offert une guitare, j'étais très jeune. Et j'ai commencé à jouer en relevant les accords de Duke Ellington que j'écoutais sur les disques. Je travaillais dix-huit heures par jour. Quand je suis allé chercher du boulot comme musicien, un patron de bar m'a demandé de jouer devant lui. « Putain, mais où as-tu appris à jouer comme ça ? » J'ai répondu : « Dans ma chambre ! »

*

Je ne suis pas né sérieux.

*

J'ai vécu ma vie comme un violon d'Ingres.

*

Je ne crois pas en Dieu, je crois en l'Âme, Dieu c'est nous tous...

*

Si j'avais pu choisir, j'aurais uniquement fait le crooner, chanté de belles chansons avec de jolis textes.

*

J'ai beaucoup joué au football quand j'étais môme. Je suis un technicien, mais surtout un grand fan.

*

Pour être un champion, faut faire vœu de chasteté... sinon ça coupe les jambes!

*

Nous sommes deux Salvador : le Salvador drôle, populaire, et il y a le Salvador tendre, celui qui vient des îles. Évidemment, pour les rêveurs, c'est celui que l'on préfère.

*

On n'arrête jamais d'arrêter.

*

Le pouvoir du rire est une religion sans hypocrisie possible car on ne peut pas rire si l'on n'en a pas envie.

*

Quand je casse un objet ou que je perds quelque chose, je me dis : « Ce n'est pas grave, y en a plein les magasins ! »

*

Anecdote :

C'était pendant la dernière tournée, je ne vous dis pas où, parce que je suis modeste ! On en était au dixième rideau. Je reviens en coulisse, j'avale un verre d'eau, deux filles se précipitent : « Monsieur Salvador, un autographe, s'il vous plaît ! » Je signe... Ça applaudit toujours, je retourne saluer. Je bisse. Nouveaux rappels. Encore des jeunes filles. Encore des autographes : « Henri, une signature ici... Une autre là ! » Ça applaudit toujours, je retourne, je salue. Je reviens en coulisse et je butte sur un vieux monsieur très digne : « C'est pour un autographe aussi ? – Non ! Je suis l'administrateur du théâtre. Il est déjà près de 2 heures du matin, voilà les clés, m'sieur Salvador. Vous serez gentil de fermer vous-même... Moi, je rentre me coucher ! »

*

Ne dites surtout pas que je suis impayable, les directeurs de théâtre en profiteraient.

*

L'art doit être une aurore perpétuelle.

*

Je suis contre la retraite ! J'aurais l'air de quoi dans mon jardin, à regarder les oiseaux ! Ça ne rigole pas, un oiseau ! Et puis c'est un sacré boulot de faire rire un oiseau !!!

*

L'homme a inventé l'heure, mais j'ai une idée très spéciale du temps, depuis que j'ai lu certains livres. En temps cosmique, entre la naissance de Jésus-Christ et les premiers pas sur la Lune, une seconde s'est passée ! En fait, on n'est rien !

*

Sur scène, ce métier donne des sensations formidables. La première fois, c'était au Brésil pendant la Seconde Guerre mondiale. Je devais chanter pour les GI. J'étais sur scène avec ma guitare et j'ai fait un gag. J'ai reçu leur réaction comme un coup dans le ventre, une émotion sensationnelle!... J'avais devant moi des milliers de personnes...

*

Pour le petit gars des Antilles que j'étais, Paris était absolument magique. Il n'y avait presque pas de bicyclettes et encore moins de voitures. On traversait les rues, sans regarder. J'ai même vu le dernier fiacre de la capitale. C'était une femme qui le conduisait. J'étais émerveillé par ce spectacle.

*

Je me souviens très bien de la première fois où j'ai réellement gagné de l'argent grâce à ma guitare. Un concours de chant était organisé devant un cinéma. J'y suis allé et j'ai interprété une chanson que j'entendais à la radio, « Quand on est jeune marié ». J'ai gagné le concours et je suis reparti avec 50 balles! Je me suis dit : « C'est ça que je veux faire! »

*

On n'a pas le temps de vivre que l'on est déjà mort!

*

Pour manger, j'ai dû faire la manche, à Montparnasse. Je reprenais les chansons des chanteurs des années 1930 qui s'inspiraient du jazz. Tous les peintres étaient là à se bousculer. Un jour, le sculpteur Giacometti, un homme long et maigre, m'a filé une pièce. Il ne parlait jamais, il m'impressionnait.

*

À l'époque, j'ai fait tous les boulots inimaginables. J'ai ramassé les cheveux dans un salon de coiffure. Cela n'a pas duré longtemps car j'ai fait exploser le chauffe-eau à gaz qui servait aux shampooings. J'ai été également aide-comptable. Plutôt que de travailler, j'ai commencé à draguer la jolie jeune fille qui était dans mon bureau… Pas de chance, c'était la fille du patron! J'ai aussi fait livreur de lait, rue des Martyrs. Un jour, les freins du vélo ont lâché, vous imaginez le reste!!!

*

Un artiste doit toujours chercher à donner de la personnalité à une chanson.

*

Je me souviens d'un musicien qui pleurait quand il devait faire l'amour. Il était très sensible : séduire une femme était une fête, donc comme il était content, il chialait !

*

Pendant douze ans, j'ai fait les cabarets avec Bourvil. Cinq par soir. On prenait le même taxi. On a appris notre métier en essayant de faire taire les gens : le type qui boit, les gens qui parlent, les amoureux... On a appris surtout à se faire respecter sur scène. Bourvil était un type délicieux, qui avait tout compris...

*

Je n'ai pas peur du temps qui passe ! J'ai tout mon temps !

*

J'avais un copain qui venait de Guyane qui jouait du violon à l'Opéra-Comique. Un jour, il m'a demandé de l'accompagner. Il m'a montré la salle. Je me suis retrouvé dans cet endroit face à des fauteuils vides, des dorures partout, j'étais fasciné. Ensuite, le public s'est installé et j'ai pu entendre derrière le rideau le bruit qu'il faisait. Cela a été un choc terrible, c'était inouï pour un môme de mon âge. À partir de là, j'ai commencé à fréquenter les théâtres. J'étais un petit voyou de 10 ans qui se cultivait sans le savoir !

*

Il faut être musicien pour faire swinguer la langue française !

*

Le ski est un sport qui me fait rigoler ! Je ne comprends pas qu'on monte, qu'on descende, qu'on monte, qu'on descende !!! Et en plus, il faut payer...

*

Ce que j'aime dans le jeu ? De gagner, pardi !!!

*

Quand on me dit que j'ai un corps sublime, je réponds que c'est grâce au costard...

*

Le plus grand artiste est celui qui peut faire rire ET pleurer.

*

Lors de mes tournées à l'étranger, le public le plus merveilleux, c'est les Japonais. Le Japonais est attentif, respectueux, il adore la chanson française. Je me souviens que, à la fin d'un de mes spectacles, j'étais dans ma loge, et on me dit : « Tu sais, il y a des gens qui attendent ! – Ah oui, c'est pour les autographes ! » Eh bien, pas du tout, ils étaient tous venus avec un cadeau. Ils ont un respect de l'artiste là-bas, c'est merveilleux !!!

*

On a toujours voulu me ressusciter ! Je n'ai jamais été mort !...

*

Les bons sentiments appellent la belle musique.
Quand on est heureux, ça chante !

*

On n'a jamais trop de chance, il y a tellement de gens malheureux que, quand il y en a, il faut en profiter.

*

Il vaut mieux avoir la peau noire et être blanc à l'intérieur, qu'être blanc et avoir l'intérieur noir.

*

Il faut beaucoup de talent pour se travestir en femme, sans ça on est facilement vulgaire ! Et moi, j'ai l'art !

*

Dans un spectacle, ce que j'aime c'est la première!!! Les jours suivants, c'est le turbin!

*

Les lois de la séduction ont beaucoup évolué. Avant, on faisait la cour, on tombait amoureux et on faisait l'amour. Aujourd'hui, on fait l'amour et puis on se dit : « Tiens, au fait, elle n'est pas si mal que ça!!! »

*

Quand j'ai appris la guitare à Sacha Distel, j'avais un argument de choc! Je lui ai dit : « Si tu veux tomber les filles, joue de la guitare! » Il a bien appris sa leçon!

*

J'adore la mode des années 1970! J'adore les minijupes. Plus on voit, plus je suis content! J'attends avec impatience que les jupes s'arrêtent au cou, j'serai heureux!

*

Un jour, j'étais en concert à Alger. Je devais chanter « Le Petit Souper aux chandelles » de Paul Misraki. D'un seul coup, le trou noir. J'étais là, comme ça. Et puis, j'ai entendu la voix de ma femme Jacqueline dans le fond de la salle qui m'a crié les paroles en roulant les « r ». Et hop, j'ai repris la chanson !!!

*

Je n'ai pas beaucoup été en classe. J'ai acquis beaucoup de complexes, ce qui fait que je me suis construit une vie de pirouettes !

*

Je suis un dessin animé vivant !

*

Il faut accepter les défauts de l'autre et essayer d'en faire des qualités.

*

Je suis resté un enfant mais qui a mûri intellectuellement.

*

Je ne suis sérieux que chez moi, tout seul !

*

Si Dieu existe, je trouverai bien un moyen de le faire rigoler.

*

Je ne me suis pas fabriqué. Je me suis découvert. Ceux qui se fabriquent ne sont pas vrais.

*

Je suis comme une fleur dans un pot, et ma femme est le jardinier.

*

En fin de compte, c'est plus facile pour moi d'écrire une mélodie que de jouer aux boules.

*

Un jour, il y a un monsieur qui m'arrête dans la rue et qui me dit : « Ah, m'sieur Salvador, vous savez, votre chanson "Le travail c'est la santé" ? – Oui ? – Vous savez, j'ai écouté l'aut'côté hier, c'est merveilleux ! – Ah ? Il y a combien de temps que vous avez ce disque ? – Quatorze ans ! » C'était « Syracuse », et le gars avait mis quatorze ans pour tourner le disque.

*

Ray Charles était un gars très sympa. Un jour, je l'ai croisé, et il m'a dit : « Tu sais, ma vie est très simple ! Je sors de chez moi, je prends un taxi, je prends l'avion, j'arrive à l'hôtel, et puis je vais faire mon concert, je rentre et… je baise ! – Ah oui, c'est tout simple ! – Qu'est-ce que tu veux, je ne vois rien, faut bien que je m'occupe ! »

*

L'amour égoïste, c'est être deux et se sentir qu'un.

*

J'étais au jardin des Tuileries, j'étais en train de jouer aux boules. Il passait une femme avec plein de petits enfants. C'étaient des petits sourds-muets. Ils m'ont reconnu. Comme ils ne pouvaient pas parler, ils m'ont sauté au cou et ils ne me lâchaient plus. C'était la seule manière qu'ils avaient pour exprimer leur amour. J'ai eu les larmes aux yeux. C'est le moment le plus émouvant de ma vie.

*

La guitare a la magie de la femme. D'ailleurs, c'est un instrument perpétuellement nouveau. On a beau la connaître parfaitement, en travaillant, on trouve toujours un son, un accord. C'est comme une femme, quoi ! Tous les jours, on découvre un nouveau côté de la femme.

*

Mon père était contrôleur des contributions : je paye quand même mes impôts, il ne m'a pas filé la combine pour ne pas en payer...

*

Mon premier amour, la première fois que j'ai vibré pour une femme, c'était pendant que j'allais en classe rue Saint-Jacques. C'était une école avec les garçons d'un côté et les filles de l'autre. Il y avait une petite fille brune, avec de grands yeux bleus et un teint assez pâle. C'était un enchantement. Je passais mes journées à la regarder de loin. Elle était la fille du cordonnier de la rue du Chat-qui-Pêche qui n'était pas loin de l'école. Je ne sais pas comment ça s'est trouvé, un soir, je l'ai raccompagnée jusque devant chez elle, sans lui dire un mot. Je tremblais tellement, j'étais content d'être à côté d'elle. C'était vraiment de l'amour pur. J'avais 10-11 ans. Et puis, il s'est passé une chose invraisemblable. Elle est morte d'une leucémie. C'est pour ça qu'elle était si pâle. C'était un amour sans un mot. Elle savait que j'étais amoureuse d'elle, elle faisait sa coquette. On ne s'est jamais dit un mot, on ne s'est côtoyés qu'une fois.

*

Les boules ? C'est comme dans la vie ! Dans ces trucs-là, toujours l'inattendu arrive. On peut prendre une bonne position, penser qu'on va envoyer la boule là, et il y a toujours un petit caillou qui fait dévier la boule, et c'est le drame...

*

J'ai la chance d'avoir un rire communicatif. Souvent, on m'invite aux premières. Les producteurs se disent : « Si Salvador est là, s'il rigole, il va entraîner la salle ! » Seulement, voilà, quand la pièce n'est pas bonne, je ne ris pas...

*

Depuis deux mille ans, les politiciens disent tous la même chose et ils mentent le plus souvent. Comment se fait-il qu'on les croie encore ???

*

Je suis comme les Chinois qui disent : « Celui qui parle n'a rien à dire ! »

*

La chanson, c'est quelque chose qui représente le côté intellectuel d'un peuple.

*

Rigoler, c'est aussi un métier.

*

On peut faire rêver en chantant.

*

L'amour, c'est comme la nature, comme un arbre. Ça commence par en bas, et ça monte, ensuite ça va au cœur, et ensuite ça va à la tête, et après ça libère l'âme. Ça naît, ça monte, ça évolue, ça devient spirituel, et c'est indestructible. Si l'amour s'arrête au pantalon, il n'y a pas d'amour.

*

J'adore les musiciens de rue. Un jour, je marchais rue Saint-Honoré à Paris, et j'ai vu une jeune fille qui jouait du violon, du classique. C'était merveilleux ! Je n'ai pas voulu qu'elle me reconnaisse, je suis passé très vite devant elle et je lui ai déposé un billet de 200 balles. Elle s'est arrêtée de jouer. Elle a dû se dire : « C'est qui ce fou !? »

*

Le secret de ce métier ? Être inattendu !!!

*

Je me considère comme un citoyen du monde.

*

Je suis contre la retraite. Ceux qui prennent leur retraite signent un contrat avec la mort.

*

Moi, je ne travaille pas, je fais ce qui me plaît !!

*

La première fois que j'ai fait le musicien, j'avais un copain au Quartier latin qui faisait des claquettes et qui était batteur. Un jour, il me dit : « Dis donc, c'est embêtant parce que ce soir j'ai un gala comme danseur de claquettes... Tu ne veux pas aller me remplacer à la batterie ? – Mais, j'sais pas jouer ! – Viens chez moi, je vais te faire voir ! » On arrive chez lui : « Alors, là, tu vois ce sont les balais, tu fais comme ça, tu gardes le tempo ! » C'était dans un restaurant chinois dans la rue de l'École-de-Médecine. Le soir, je m'amène dans ce resto, je dis bonjour au chef d'orchestre. « Qui tu es, toi ? – Je viens remplacer le batteur parce qu'il a un gala de claquettes ! – Bon, bah, prends la veste rouge. » Il me tend une veste rouge en soie avec des machins chinois dessus. Je m'installe derrière la batterie et le type dit : « 1, 2, 3, 4... et c'est parti ! » Au bout d'un moment, il se retourne et me lance : « Oh ! C'est trop vite, là ! – Ah, pardon, excusez-moi ! » Cinq minutes après, il se retourne : « Oh ! C'est trop lent, là ! – Oh, pardon, excusez-moi ! – Mais d'où tu viens, toi ? Tiens, prends tes 40 balles et tire-toi ! » Quarante balles ! Là, je me suis dit : « C'est le métier qu'il me faut... »

*

Au sujet de la vieillesse :

« À la pétanque, les boules sont plus lourdes ! »

*

Une chanson, ce n'est pas seulement une mélodie, mais aussi un poème.

*

Quand, à la fin d'une interview, on me remercie, je réponds : « Vous en êtes un autre, cher maître ! » Les gens ne savent pas quoi répondre. J'adore...

*

Je ne suis pas une affaire pour les journalistes, j'ai une vie de fonctionnaire : je mange, je dors, je travaille...

*

Quand on écoute Count Basie, on a l'impression qu'on s'assied dans un fauteuil et on n'en finit pas de s'enfoncer dans le fauteuil tellement ça swingue bien...

*

Le public ne me prend pas au sérieux. Je suis son copain !

*

Et ce qui ne finit pas de m'étonner, c'est de voir un peu partout dans le monde que les gens connaissent mes chansons et, sans être cocardiers, aiment tout simplement la France que je représente.

*

Un jour, j'ai annoncé à Boris Vian que j'écrivais une marche. Il s'est étouffé. « Une marche ! » C'est devenu « La Marche arrière », une chanson antimilitariste.

*

De Gaulle était mon plus grand fan. Quand je passais à la télévision, un huissier courait le prévenir. Je l'ai rencontré une seule fois, à l'Élysée. Dès qu'il m'a vu, il a éclaté de rire et m'a dit : « Continuez à nous amuser ! »

*

Ma drogue favorite : embrasser ma femme.

*

J'ai toujours été d'un tempérament hilare : je suis un type joyeux, et puis j'ai toujours fait rire, c'est ma nature, c'est pour ainsi dire pas un métier.

*

Je suis un monsieur âgé, un vieux renard du métier. Je sais qu'il faut beaucoup travailler une chanson avant de la trouver.

*

« Populaire » ne signifie pas rabaisser le niveau.

*

L'erreur de certains couples, c'est de se mentir.

*

Ma mère était une pure Indienne, comme l'avait été la grand-mère ou l'arrière-grand-mère de Gauguin. C'est bon d'avoir un point commun avec un génie.

*

Quand un homme du peuple est drôle, on dit qu'il a de la gouaille ; quand c'est un bourgeois, on dit qu'il a de l'humour.

*

L'art est la forme suprême de la vie.

*

Avant, avec un beau scandale, un type se faisait un nom pour vingt ans. Aujourd'hui, avec la concurrence, il a toutes les peines à dépasser quinze jours.

*

Il faut réhabiliter l'adjectif « gentil » qui semble désigner aujourd'hui quelqu'un de faible, d'idiot, alors que rien n'est plus beau que la gentillesse et que, sans elle, la vie sociale serait insoutenable.

*

Pour laisser un nom dans l'histoire et une statue dans les rues, il faut avoir eu la tête coupée ou avoir fait couper des têtes.

*

Dans tous les domaines, dès qu'on quitte l'artisanat pour l'industrie, on est sûr de dégringoler au bas du tableau.

*

J'ai organisé ma vie pour n'avoir que quatre jours de travail par an. Et encore, pas tous les ans.

*

J'adore les femmes qui parlent... après l'amour !

*

Il y a une mégalomanie pitoyable à considérer que le moindre objet, le moindre instant de notre vie, se doit d'être un sujet d'émerveillement pour les autres qui n'en ont bien sûr rien à faire.

*

C'est sur les docks de Boulogne-sur-Mer que je me suis fait dépuceler par une jeune fille charmante et qui fut assez généreuse pour me laisser un cadeau : une chaude-pisse de force 25.

*

Si, comme l'avait souhaité mon père, j'avais été pharmacien, j'aurais vendu des cachets au lieu de passer mon temps à en chercher.

*

Même de dos avec un pantalon, je pense
faire rire.

*

Le jazz est avant-gardiste ;
c'est la musique du futur.

*

À mon retour du Brésil, j'ai voulu voler de mes propres ailes. J'ai monté mon propre orchestre chez M. Carrère qui avait une clientèle très raffinée, très huppée, de Paris. Un soir, la future reine d'Angleterre, Élisabeth, est venue avec son fiancé Philip. Exceptionnellement, M. Carrère avait demandé à Édith, Les Compagnons de la chanson et Les Frères Jacques de venir chanter. Je passais avant Piaf, et j'ai fait mon numéro, et, là, j'ai vu la princesse pleurer de rire.

Grâce à cette soirée, j'ai été engagé au Savoy, à Londres. J'ai vu débarquer la personne responsable du protocole dans ma loge qui m'a dit d'un anglais très pur : « Oh, my dear, tonight, you've got the lot ! » (« Oh, mon cher, ce soir, vous avez le paquet ! ») – Ah, oui ? Qu'est-ce que c'est ? – All the Royal Family is here ! » (« Toute la famille royale est là ! »)

*

La mort n'est qu'un instant de la vie, pareil à tous les autres, et son seul mérite est d'être le dernier.

*

La musique, comme tous les arts, n'a pas de frontières, se nourrit des influences venues de toutes parts, et je n'ai qu'un critère de jugement : la qualité.

*

On m'a toujours dit que la langue française ne swinguait pas... J'y suis arrivé parce que j'ai essayé de chanter comme un saxo ténor fait un chorus, c'est-à-dire en mettant les accents forts sur les syllabes fortes...

*

Le sexe pour moi, c'est comme un rhume, il faut se moucher !!!

*

Celui qui aime la musique cadencée finira par aimer les dictateurs.

*

Les comiques qui se croient chargés d'un devoir sacré (celui de nous faire rire à tout prix) ont le pouvoir de m'agacer.

*

Ne rien faire est le plus grand plaisir de ma vie. Et la seule chose que je fais avec sérieux.

*

À la guerre, un type qui peut mourir avec courage est un idiot. J'admire au contraire ceux qui s'en vont lâchement, parce qu'ils n'ont pas eu le temps de connaître la vie et ses bonheurs.

*

Quand on bénéficie de la grâce d'un salaud, il faut en profiter et ne pas lui laisser le regretter.

*

Après la mort de ma femme Jacqueline, je suis parti en Polynésie où j'ai rencontré un garçon merveilleux : Jacques Brel. Un jour, je me suis retrouvé dans un canot avec le fils d'un vieux pêcheur qui, toute la journée, s'est occupé de moi. Le soir, j'ai voulu lui donner un peu d'argent pour salaire de son travail, mais il a refusé en me gratifiant d'une réplique sublime pour parler de sa journée : « Ce n'était pas du travail, monsieur. C'était l'amour ! »

*

Pour vivre les mille présents et les mille soleils de chaque jour, il faut avoir les yeux toujours fixés vers son avenir. Une seule urgence : le futur.

*

J'ai toujours adoré la vie. C'est fabuleux, la vie ! Je ne vois que les bons moments. Les autres, je les oublie. Prenez le réveil : c'est formidable, on s'étire, une nouvelle journée commence. Et puis le petit déjeuner : c'est fabuleux, du bon café, du pain craquant, du beurre frais. Il y a comme ça plein de petits bonheurs, il faut juste les remarquer et en profiter. Cette curiosité, c'est ce qui conserve.

*

Quand je suis avec une femme, j'ai une grande inquiétude : je veux qu'elle ne manque de rien, qu'elle se distraie, qu'elle soit gaie... C'est un souci de vieux !

*

Je crois que la mort n'existe pas. Je suis pour l'éternité. On fait partie de ce truc immense qu'est l'infini, l'Univers. Tout ça tourne. On est là, on disparaît. Un arbre meurt, un autre pousse. Je suis sûr qu'on ré-existe. Ce n'est pas possible que cette chose si merveilleuse qu'est la vie s'arrête comme ça. Ce serait trop con !

*

J'ai encore une voix jeune. Je peux encore chanter. Je compose. Je ne peux pas laisser tomber le disque. Et puis, je ne peux pas arrêter parce que là on peut mourir de vieillesse !

*

En 1937, je suis parti au service militaire à Lixing-lès-Saint-Avold. Comme j'étais musicien, on m'a nommé clairon : jouer de cet instrument si ancien et si grossier qu'on ne peut pas monter une gamme m'est apparu comme une insulte à mon cher Armstrong.

*

Quand j'ai commencé à écrire des chansons où il y avait deux personnages, c'est-à-dire un homme et une femme, j'ai cherché une femme qui était, pour ainsi dire, la réplique salvadorienne. Malheureusement, je ne l'ai pas trouvée, alors je me suis déguisé en femme...

*

J'ai presque tout fait et j'ai tout adoré. Mais à présent, l'endroit que je préfère au monde, c'est mon lit!

*

Mes plus beaux voyages, ce sont, en réalité, des voyages immobiles, ceux que j'ai faits dans ma tête, parce que je suis un rêveur.

*

À Ceylan, notre hôtel nous avait réservé un bungalow... et deux messieurs qui vont avec! J'ai demandé pourquoi ils étaient là : « Il y en a un qui doit vous servir tout ce que vous voudrez, et l'autre qui va vous suivre partout. – Et pourquoi? – Pour ramasser vos cendres de cigarette... » Là, j'ai bien rigolé : je ne fume pas!

*

Piaf, on ne l'a jamais remplacée. C'était une diseuse, comme tous les grands. Je me rappelle sa rentrée à l'ABC. Cerdan venait de mourir, elle a entonné « Si un jour la vie m'arrache à toi », et elle pleurait, elle pleurait. Moi, quand ma femme est morte, j'ai écrit une chanson, mais je n'ai jamais pu arriver au bout. Piaf, elle la balançait avec ses tripes. Elle était terrible, cette femme-là, et en plus elle adorait les histoires drôles.

*

On ne m'a jamais pris au sérieux parce que j'étais un fantaisiste, mais je suis un amoureux de la langue française.

*

Savez-vous que le compositeur français le plus joué au monde, c'est Ravel ? Et Ravel, c'est le mec qui a été plagié par tout Hollywood.

*

La télé, c'est formidable !!! Toutes les places sont au même prix !!!

*

J'aime être materné. C'est peut-être prétentieux mais je sais rendre une femme heureuse.

*

Mon père était percepteur et ma mère était ma mère !

*

Je suis le Mathusalem de la chanson française.

*

J'ai partagé la scène de l'ABC avec Mistinguett. À la vérité, j'ai joué avec elle mais je ne l'ai jamais côtoyée. Je me tapais tout le boulot et les gens hurlaient de rire, c'était ça le principal.

*

Je ne mélange pas les deux, c'est-à-dire religion et monde moderne. Quand on est artiste, on ne peut donner son avis sur aucun sujet. Car le public est plein de diversités et éprouve différentes sensibilités.

*

Il ne faut pas couper les mots. Avant d'enregistrer une chanson, je la lis comme je parle et, après, je la chante comme je parle.

*

Mon père était féministe, il adorait les femmes, je tire beaucoup de lui.

*

Donner des conseils à un artiste, c'est lui couper les ailes.

*

La musique, c'est aussi grand que l'Univers, il suffit juste d'oser.

*

Quand on me dit : « Henri, c'est quand qu'il faut rigoler ? », je réponds : « Quand c'est drôle !!! »

*

Je continue à écouter du jazz, c'est la seule drogue qu'il me reste.

*

À mon âge, il y a longtemps que je n'ai plus d'angoisse métaphysique. Les années passent et la sagesse s'installe. Ce disque « Chambre avec vue » n'est pas un défi ultime, juste un délice. Je suis plein de légèreté et j'aime le plaisir...

*

Je trouve que le football, c'est le sport idéal pour la télévision, parce que c'est toujours un spectacle inattendu.

*

Tout au long de ma vie, j'ai croisé des personnes qui me disaient qu'ils avaient eu peur de Juanita Banana quand ils étaient petits...

*

L'humour, c'est comme le swing... ça ne se travaille pas ! Ou tu l'as, ou tu ne l'as pas !!!

*

Il existe 2 500 versions différentes de « Maladie d'amour » aux États-Unis.

*

J'ai besoin des femmes, de l'instinct féminin.

*

Le public, quand il aime une chanson, elle lui entre dans le cœur, elle devient un souvenir.

*

La télévision a été prise en main par les journalistes, et, depuis qu'on leur demande des autographes, ils ne quittent plus l'antenne…

*

J'aime les fous intelligents.

*

Sur scène, j'envoie des gags et je reçois des rires.

*

Paul Valéry a écrit un bouquin formidable, *Mon Faust*, que je n'arrête pas de relire. Ce type devait se sentir seul, parce que, avec une telle intelligence, avec qui pouvait-il parler ? Il ne pouvait poser de questions à personne puisqu'il savait tout. Il devait se poser des questions à lui !!!

*

La chanson, c'est une littérature populaire. Il faut avoir beaucoup de talent pour écrire joliment la chanson populaire. Parce que ce sont des mots simples qu'on peut dire avec beaucoup d'intensité, mais il faut quand même avoir une base littéraire, car parolier, ça ne s'improvise pas.

*

La vie est une chose qu'il faut prendre du bon côté, on ne va pas s'éterniser sur les mauvais...

*

Avec mon album « Chambre avec vue », j'ai ouvert une porte : je vous jure que je vais mettre des cales pour que la porte ne se referme pas, parce que c'est drôlement chouette de pouvoir chanter de belles chansons.

*

À travers mes tournées, je voudrais imposer le goût de la bonne chanson française aux étrangers car ils ont l'air de l'avoir oubliée, à cause des Américains qui se sont implantés un peu partout.

*

Au début de ma vie, je comptais les années, au milieu je comptais les mois, maintenant je compte les jours...

*

J'aimerais être réincarné en homme, mais pas en soldat... Je ne connais pas plus con qu'un soldat.

*

J'ai l'air d'avoir une carrière facile, pas du tout! Car, dans ce métier, c'est bourré de barrières. Au départ, je connaissais ma valeur, sans aucune prétention. Seulement, j'avais oublié qu'il y avait plein de choses qui se mettaient en travers d'une carrière : les copinages, les « familles », les relations, et puis, il y a la politique, le racisme. Tout ça, ce sont des petites barrières qui n'ont l'air de rien, mais quand il s'agit de vous présenter les portes se ferment.

*

Je voulais faire du music-hall, parce que j'avais un tour de chant au point, réglé depuis le Brésil. Et, un beau jour, je suis allé directement trouver le directeur de Bobino. « Bonjour, monsieur! Je suis Henri Salvador, j'ai un tour de chant formidable. Je suis une grande vedette au Brésil, et je voudrais passer dans votre salle! » Il me dit : « Eh ho, dis donc, ici c'est Paname, mon p'tit pote, on ne fait pas ce qu'on veut! – Oui, mais, moi, je suis bon! » Fallait bien que je me défende, je n'avais pas d'imprésario. « Bon, OK, si tu veux, tu vas passer en première partie! – Ah non! Si vous voulez que je passe chez vous, je veux faire la fin de la première partie, juste avant la vedette! Voilà ce qu'on va faire : si je ne suis pas bon, vous me virez; si ça marche, vous me gardez! – Toi, t'es gonflé... On va essayer! » Je suis venu, j'ai fait mon spectacle, j'ai fait un triomphe (avec « Maladie d'amour », « Clopin-Clopant », le sketch de l'homme invisible, les portraits de famille, etc.).

*

Maurice Chevalier était une montre suisse, c'était la perfection qui venait sur scène.

*

Lorsque je suis allé voir Jacques Brel en Polynésie, je ne savais pas encore qu'il était malade. Il vivait dans les îles. Il nous avait loué une maison à Papeete (qui avait été construite pour Marlon Brando pour un film) pour nous recevoir, Charley Marouani (notre imprésario commun) et moi. Nous avons passé quinze jours merveilleux. Je lui avais dit que j'adorais les noix de coco. Eh bien, le lendemain, un camion rempli de noix de coco a débarqué devant la maison.

*

La plupart des chanteurs s'imaginent que c'est eux que le public aime. Le public aime la chanson, pas le chanteur.

*

J'ai attrapé une maladie : la juvénite aiguë ! Je ne sais pas vieillir. Et quand je suis en contact avec une femme, je lui transmets la salvadorite aiguë ! Une maladie très grave : on attrape le rire, la joie de vivre, la santé… qui ne courent pas les rues en ce moment !!!

*

Je dépense ce que je gagne… Le fric, c'est fait pour s'offrir ce qu'il y a de plus beau.

*

Ah !!! Les femmes !!! N'en parlons pas, ça va en rendre triste plus d'une…

*

Une fois, j'étais avec une fille, qui était là, comme ça, rêveuse… Je lui demande : « À quoi penses-tu ? – À rien ! » Il ne faut jamais le dire, ça ! Je l'ai laissée tomber ! Qu'est-ce que vous voulez parler avec une femme qui ne pense à rien ???

*

J'ai un souvenir ému pour un petit et vieux monsieur que j'avais aperçu à cette époque (en 1936) pendant une manifestation dans le quartier de la Bastille. La rue était envahie par une foule qui brandissait des pancartes où l'on pouvait lire : « Les soviets, partout ! »

Et le petit monsieur, 1,50 mètre, tiré à quatre épingles, nœud papillon et chapeau melon, marchait tout seul sur le trottoir avec une pancarte où il avait écrit : « Les soviets, par-ci, par-là ! »

*

J'aurais dû être milliardaire, j'adore ne rien faire !

*

La scène est un endroit merveilleux, j'y vais pour m'envoler.

*

Quand j'ai démarré ce métier, les deux jours les plus durs étaient le lundi et le mercredi. Le lundi, c'était le jour des coiffeurs, et le mercredi, les marchands de légumes. C'étaient deux publics épouvantables qui ne bougeaient pas. Je me disais que je ne sortirais pas de scène tant qu'ils ne gueuleraient pas « Encore ! ». C'est comme ça que j'ai appris ce métier...

*

Avec « Syracuse », je crois que je vais rentrer dans le folklore.

*

Avant de faire du music-hall, j'étais vendeur dans une épicerie, porte de Clichy. Le patron m'avait mis au rayon des cacahuètes ! Je me suis demandé comment j'allais faire pour les vendre. Je me suis mis un canotier sur la tête et j'ai imité Maurice Chevalier ! Et ça marchait ! J'étais fan de ce grand artiste, je ne l'avais jamais vu, je l'avais juste entendu à la radio. Avant même de le connaître, je l'imitais... Et j'en ai vendu, des cacahuètes !

*

J'ai travaillé avec des auteurs qui savaient manier les mots. C'était la sueur qui transpirait sur le papier.

*

Quand je suis amoureux, il y a un autre personnage qui s'immisce en moi : un personnage plus langoureux, plus romantique...

*

La guitare est une arme fabuleuse. Les femmes sont très sensibles à cet instrument.

*

J'aime le blues, car ça sort du cœur.

*

J'ai compris que, dans ce bas monde, il faut travailler pour vivre, et non vivre pour travailler. J'essaie donc de vivre le plus possible, et de travailler le moins possible.

*

La meilleure façon d'être heureux et d'avoir le bonheur dans la vie, c'est de donner le bonheur aux autres... c'est le secret.

*

Écrire des chansons, c'est un don extraordinaire, on ne sait pas d'où ça vient, on est là, devant un piano, il ne se passe rien et, d'un seul coup, on met les doigts sur le clavier et ça chante !!!

*

Au restaurant, un monsieur m'a demandé un autographe pour une jeune fille de 18 ans ! J'aurais préféré qu'il me la présente.

*

Je ne veux pas mourir sur scène, ce sont les cabots qui disent ça. Je veux mourir dans mon lit. Mourir sur scène... C'est affreux de mourir en travaillant.

*

Je suis devenu un amuseur parce que le public m'accepte comme tel.

*

Tous les grands chanteurs ont été musiciens de jazz au départ : parce qu'ils ont le temps, le sens du rythme, ils peuvent voler au-dessus de la mélodie.

*

Je suis passionné du jeu, je trouve que le jeu, c'est la vie même. En fin de compte, c'est une loterie, la vie !

*

Méfiez-vous des gens qui font rire, ce sont parfois les gens les plus sérieux.

*

Avec ma drôle de gueule, j'ai toujours plu.

*

Quand ma femme Jacqueline est entrée dans ma loge à l'ABC, je lui ai dit que ça faisait trente-deux ans que je l'attendais.

*

La première fois que je suis allé au États-Unis, c'était New York. J'étais bouleversé. À cette époque, ils étaient en train de lancer Elvis Presley. Il y avait des affiches partout avec des traces de rouge à lèvres dessus. Avec ma femme, nous rentrons dans le cinéma (Le Paramount), et je vois une salle vide, avec deux personnes au premier rang. Nous nous approchons et nous asseyons près d'elles. Et qui nous voyons ? Édith Piaf et Michel Emer (auteur-compositeur) qui avaient entendu parler du phénomène Presley !

*

Je trouve que la pauvreté est la plus grande des injustices. Après deux mille ans de civilisation, on en arrive à avoir des pauvres dans la rue, ça prouve que l'homme n'a pas progressé.

*

La pire invention de l'homme, c'est l'argent.

*

Il est plus facile de chanter du jazz que d'en jouer... Pour en jouer, il faut s'entraîner tous les jours...

*

Paul Valéry écrit en trois mots ce que Proust écrit en trois pages.

*

Django Reinhardt était un garçon extrêmement timide. Je l'épatais car j'avais beaucoup de culot. Quand il y avait une femme très ravissante, j'y allais franchement et je lui faisais ma cour. Un jour, il m'a pris à part : « J'voudrais te demander un truc ! Qu'est-ce que tu leur racontes aux bonnes femmes ? – J'sais pas... Ce qui me passe par la tête... Tu sais, les femmes, il faut les flatter, elles aiment bien ça ! – Qu'est-ce que tu veux que je leur dise, moi ? J'ne peux leur parler que de guitare !!! »

*

Ce métier a fait beaucoup de progrès : les artifices ne comptent plus, c'est l'âme de l'artiste qui intéresse.

*

Je me suis aperçu que les gens travaillaient onze mois pour un mois de vacances... J'ai décidé que je ferai l'inverse : travailler un mois et prendre onze mois de vacances !!!

*

Paris est la ville des rêveurs ! C'est la seule ville au monde où vous vous arrêtez dans la rue, vous montrez du doigt n'importe quoi dans le ciel, et vous avez tout de suite cinquante à soixante-dix personnes qui s'arrêtent et regardent ! Pourquoi ? Parce que ce sont des rêveurs, ils cherchent le rêve !!!

*

Je préfère aller dans le trou comme je suis arrivé, c'est-à-dire sans un rond, que d'y aller avec un paquet de pognon... C'est ridicule!

*

J'ai fait le tour du monde, je cherchais toujours quelque chose, et ce quelque chose, à la fin de mon dernier voyage, je me suis aperçu que c'était à Paris que je l'avais...

*

Je travaillais dans un cabaret, le Jimmy's Bar à Montparnasse. Ce petit cabaret ouvert en 1935 ne marchait pas. Le patron était désespéré, ça faisait six mois qu'il était ouvert, et y avait pas un rat. Il nous dit : « C'est pas possible, les garçons, faut trouver quelque chose pour faire venir du monde! Qui a une idée? – Moi, j'ai peut-être une idée! – Vas-y, dis ce à quoi tu penses? » C'était un type qui avait des chevaux à Vincennes... « Si on prenait des fers à cheval, on marquerait "Jimmy's Bar" dessus, et on les mettrait dans les voitures! » Il en a fait faire des milliers, et nous, les musiciens, on est allés les distribuer. Et, du jour au lendemain, ça n'a pas désemplit et ça a duré vingt ans.

*

La télévision a donné une leçon au cinéma : elle a amené aussi des jeunes talents que le cinéma ignorait, et a fait renaître les vieux acteurs délaissés par le cinéma…

*

Le jazz, si on veut bien l'écrire, il faut l'écrire en argot, parce que l'argot, c'est ce qui se rapproche le plus du jazz au point de vue swing ! Par exemple, l'alexandrin, c'est ce qui va le mieux au rock.

*

Vœux d'Henri aux Français (janvier 1964) :

Ce que je leur souhaite, moi, aux Français, d'abord qu'ils se marrent, et puis, alors, qu'ils aient une santé de fer, et surtout qu'on leur fiche la paix, et qu'ils travaillent vite, bien, mais peu... et puis qu'ils se marrent...

*

D'entendre le mot « travail », ça me fatigue !!!

*

Ce n'est plus le costume qui est important maintenant. C'est ce qu'on dit, c'est ce qu'on fait. Alors si vous avez quelque chose à dire, autant le dire... même en slip!

*

On ne s'imagine pas la chance qu'on a eue d'avoir dans le même siècle Count Basie, Duke Ellington, Charlie Parker, Louis Armstrong, Ray Charles, Ella Fitzgerald...

*

Le type qui boit du pastis et qui joue à la pétanque, il perd...

*

Ce qui est merveilleux dans la chanson, c'est que c'est le rendez-vous de toutes les joies et de toutes les peines.

*

La force de Boris Vian était qu'il savait mettre les mots sur la musique pour que ça swingue...

*

Le secret de ce métier, c'est de donner l'impression qu'on ne travaille pas mais qu'on s'amuse avec le public.

*

Les belles chansons ne font pas une carrière extraordinaire ; mais ce sont des chansons qui existent après la mort.

*

Django était un crack au billard, je ne le savais pas ! Un jour, il me dit : « Tu veux faire une partie de billard avec moi ? » Je jouais beaucoup avec mon père, donc j'étais sûr de le gagner. On arrive à la salle : « Tiens, vas-y ! Commence ! » Je fais 4 points. Et il se met à jouer, et il en fait 102… Je l'entends encore rire, tellement heureux de m'avoir fait cette blague !

*

Quand on me demande si je suis une vedette « arrivée », je réponds : « Oui, à l'heure ! »

*

Avant d'être musicien, j'étais journaliste…
Oui, oui, je vendais des journaux !!!

*

Pendant l'enregistrement d'un de mes shows TV, je déambulais dans les coulisses, travesti en femme. Je rencontre un des directeurs de l'ORTF qui m'a fait des propositions indécentes, je lui ai mis une paire de claques !!!

*

Je ne suis pas un chanteur intellectuel...
mais je pense !

*

J'ai beaucoup voyagé, puis je me suis aperçu qu'il ne fallait pas voyager, mais il faut d'abord beaucoup voyager avant de s'en rendre compte...

*

Quand je perdrai l'amour des enfants, j'arrêterai ce métier...

*

Pour moi, Ray Ventura, évidemment, c'est l'homme qui m'a ouvert les portes du music-hall, il m'a fait voir ce que c'était la scène, parce que j'étais un type du cabaret. Ventura, c'est la jeunesse, le music-hall ; c'est le goût, c'est l'art de déceler les jeunes talents ; c'est un homme de cœur.

*

Avant, la chanson avait une belle robe, maintenant on lui a foutu un blue-jean déchiré avec une casquette de travers.

*

Si on a le cœur jeune, l'amour à 20 ans ou à 70 ans, c'est la même chose.

*

Dans les années 1970, j'ai compris que la France avait besoin de rire, il fallait une armée de rigolos, et, donc, je fais partie de la troupe.

*

Au Brésil, avec les Collégiens, un soir, Ray Ventura est parti jouer notre paye au casino. Il a tout perdu, j'ai été obligé de vendre des bouteilles de Coca-Cola pour pouvoir manger.

*

Tout le monde connaît ma grande carrière à l'école. Plusieurs années après, j'étais en vedette à l'ABC, et j'ai eu la chance de voir arriver un monsieur avec un petit garçon. « Bonsoir, monsieur Salvador, je voudrais un autographe pour mon petit garçon ! » Je le regarde, et je lui dis : « Mais je vous reconnais, vous ! Vous n'étiez pas le premier de la classe, rue Rollin ? – Si ! – Ah, si vous saviez comme ça me fait plaisir de donner une dédicace au premier de la classe ! »

*

Les enfants sont venus à moi grâce à une chanson qui s'appelait « Zorro est arrivé », ils ont amené les parents et les grands-parents. Ce qui fait que j'ai élargi mon public grâce aux petits enfants.

*

Quand on fait ce métier, on appartient au public, on n'a pas à le fuir.

*

Vous rendez-vous compte de tout ce qui peut vous arriver en vingt-quatre heures ? Tomber amoureux, voir des amis, faire un gueuleton !

*

Quand j'ai perdu ma femme Jacqueline, j'ai surmonté ce coup dur grâce à elle, car elle avait un tel idéal pour moi que j'ai voulu être digne de ce qu'elle pensait de moi... C'est pour ça que je suis reparti au travail...

*

Dans ce métier, on est premier quand on arrive... mais, après, on n'est plus premier... Car il faut toujours se renouveler...

*

Tout est musique : un oiseau qui chante, c'est de la musique. Un homme qui rit, c'est de la musique ! On verse de l'eau dans une bouteille, c'est de la musique ! J'ai de la chance, toutes ces choses-là m'inspirent !

*

L'accent créole est tellement merveilleux et poétique. J'étais le premier à l'utiliser dans l'interprétation de mes chansons (par exemple « Faut rigoler »).

*

Je suis un intellectuel des boules...

*

Quand vous écrivez des chansons, il ne faut pas viser le portefeuille, il faut viser le cœur, et le cœur est derrière le portefeuille.

*

D'abord j'ai essayé la batterie : trop encombrant. Ensuite, j'ai tenté la trompette : ça me faisait mal aux lèvres, puis la clarinette, mais ça me chatouillait... Et j'ai trouvé la guitare qui m'a rappelé le corps d'une femme, et que je n'ai jamais plus quittée...

*

Dans les îles, la coutume est que les enfants deviennent avocats ou médecins ! Du coup, il y en a tellement qu'ils sont obligés de se soigner entre eux.

*

À la télévision, les artistes sont devenus des camelots, le public veut voir les artistes s'amuser entre eux.

*

Un jour, j'ai demandé à ma femme Jacqueline si elle voulait des enfants. Elle m'a dit : « Henrrri, tes chansons sont nos enfants !!! »

*

Je m'attache aux gens mais pas aux endroits.

*

Je n'ai pas d'amis dans le métier, mon meilleur ami est conducteur de corbillard... Et ça fait quarante-cinq ans que ça dure.

*

Je suis un amoureux de Paris : quand je quitte Paris, c'est un déchirement ; et quand je retrouve Paris, c'est un enchantement. Paris, c'est ma source...

*

La vie passe trop vite. Quand j'ai eu 50 ans, je me suis dit : « Déjà !? »

*

À l'époque, les Noirs se réjouissaient de la mort (parce qu'il y avait des fêtes à Cayenne), c'est très simple : pendant longtemps, il leur fut plus agréable de mourir que de vivre !

*

Pour mon enterrement, je veux un orchestre de jazz, qu'on boive des coups, qu'on se marre, mais à une seule condition : le plus tard possible...

*

Chaque fois que je passais à la télévision en Guyane, le lendemain, c'était le carnaval !!!

*

Les émissions de variétés doivent être faites par des artistes et non par des journalistes...

*

Pour moi, la vie américaine, c'est tout simple : ce sont des petites fentes et des boutons. Dans les petites fentes, on met des sous et on appuie sur les boutons (pour manger, pour boire, pour danser, pour les cigarettes)...

*

J'ai un petit ange et un petit diable en moi, parce que l'ange me pousse à chanter de jolies chansons et le petit diable me pousse à faire des pitreries. C'est une bagarre perpétuelle, je suis obligé quelquefois de les mettre d'accord, et c'est sur scène qu'ils s'expriment. C'est le diable qui l'emporte sur le public.

*

Chaplin est au départ de ma carrière pour ainsi dire, parce que j'avais peut-être 6 ans, et un jour mon père m'a emmené au cinéma, c'était un film de Chaplin. En sortant, j'ai dit à mon père : « Tu vois, c'est ça que je veux faire ! »

*

L'optimisme est une belle arme…

*

Je ne connais toujours pas la musique. Je suis un musicien d'oreille. La musique improvisée, elle va très loin… Elle est sincère, c'est la créativité à l'état pur !

*

Michel Legrand rentre des États-Unis en 1957 ! Il nous dit : « Il y a un truc terrible là-bas : le rock ! Il faudrait qu'on fasse ça ! » Boris Vian cherche l'artiste qui pourrait bien chanter ce truc-là. Il réfléchit, puis : « Bah, Salvador ! » À la fin de l'enregistrement du disque, Boris nous dit : « Écoutez, les enfants, c'est bien joli tout ça ! On fait du rock, on ne peut pas signer avec nos noms français, parce que ça ne marchera pas... Faut trouver des noms bidons ! » Alors, il a pris son nom de *J'irai cracher sur vos tombes*, Vernon Sullivan, Michel Legrand s'est fait appeler Big Mike, et, moi, il m'avait baptisé Henry Recording... Et ça a fait l'effet d'une bombe... bien avant Johnny Hallyday !

*

Quelquefois, je m'arrête devant le palais de l'Élysée, et je dis au policier : « Dites-lui que je ne viens pas ce soir ! »

*

Je ne veux pas oublier l'accent créole qui est plein de chaleur. Il y a une telle gentillesse dans l'accent antillais que les gens sont tout de suite transportés. Au début, quand j'ai commencé à prendre l'accent antillais dans mes chansons, j'ai reçu des lettres de gens qui n'étaient pas contents, qui m'accusaient de ridiculiser notre pays ! Pas du tout, je leur faisais une propagande énorme, car, au contraire, c'est un accent que les gens connaissaient très peu. Une fille qui a l'accent antillais et qui parle d'amour, il n'y a rien de plus joli...

*

Je me souviens de mes premiers Noël en Guyane. La neige, c'était du coton, le Père Noël, c'était en général mon parrain qui était tout noir. Quand il portait les jouets, il transpirait comme un fou... Il n'aimait pas du tout faire ça !

*

Maurice Chevalier était capable de prendre une mauvaise chanson et d'en faire un chef-d'œuvre.

*

Ce métier est devenu très dur. Il y a beaucoup d'incompréhension. Il y a une espèce de mur entre les artistes et les directeurs de maisons de disque. L'art et l'argent, ça ne colle pas ! Alors, on vous dit toujours : « Si vous voulez faire un disque, il faut faire des sous », mais si on fait un bon disque, ça fait aussi des sous...

*

Il y a beaucoup de chansons françaises qui ont été des tubes aux États-Unis. Mais les Américains ne savent pas que ce sont les Français qui les ont écrits. Ils pensent que ce sont des musiciens de chez eux. Mais, il faut avouer qu'ils savent très bien les chanter. « My Way » par Frank Sinatra, « C'est si bon » par Louis Armstrong, c'est extraordinaire. D'ailleurs, c'est Armstrong qui avait trouvé le bon tempo, parce que la personne à qui on avait proposé en premier cette chanson, c'est moi ! Henri Betti (pianiste et compositeur) était venu à la maison pour me proposer une chanson. Il se met au piano et, en l'écoutant, je lui dis que ce n'est pas une chanson pour moi... Ensuite, il est allé voir Yves Montand qui l'a chantée en l'état, et c'est quelques années après qu'on a entendu « C'est si bon... » avec la voix inimitable de Louis Armstrong, qui avait trouvé le bon tempo...

*

Si on raccourcissait ma vie, on aurait l'impression que c'est un tour de chant de clown qui finit par une pirouette et qui fait pleurer les gens !!!

*

Sur scène un chanteur de charme, en général, il ne faut pas qu'il reste longtemps, tandis qu'un fantaisiste, il peut donner de la valeur au chanteur de charme.

*

Mon père a eu un seul tort dans sa vie ! Parce que, quand j'étais tout petit, mon rêve était d'être violoniste. Il a eu la malencontreuse réponse : « Écoute, tu apprendras le violon quand tu travailleras bien à l'école. – Mais je ne travaillerai jamais bien à l'école, je préfère apprendre le violon ! » Il n'a pas compris ; sans ça, j'aurais été un fabuleux concertiste… J'en suis sûr.

*

Je n'aime pas le jazz expérimental. Il faut que ça bouge. Le jazz, c'est le grand souffle !

*

Un jour, j'étais dans le métro avec un copain qui me racontait une histoire. Je me suis mis à rire, et le wagon s'est mis aussi à rire. Ça m'a donné l'idée d'écrire le sketch sur le rire. J'ai enregistré mon rire sur un disque et je l'ai essayé, comme ça, une fois sur scène. « Mesdames et messieurs, avec votre permission, nous allons m'écouter rire. » De m'entendre rire, ça me faisait rire, ça a fait rire quelqu'un dans la salle, qui a contaminé les autres.

Il a fallu déposer ce sketch du rire à la Sacem. Je suis allé les voir et je leur ai dit que je voulais déposer cette œuvre mais que je ne savais pas écrire la musique. Ils ont fait venir un grand prix de Rome (bourse d'études en art) qui a relevé mon rire sur la partition comme si c'était une musique, en mettant des notes dessus...

*

J'ai horreur du travail, d'ailleurs, je dois vous dire, tous mes copains qui ont travaillé sont morts.

*

Nous, les chanteurs, ne sommes rien que les ambassadeurs des souvenirs et des sentiments des gens.

*

L'histoire de « Le travail c'est la santé » est assez merveilleuse. Maurice Pon (auteur de « Le Loup, la Biche et le Chevalier », entre autres) m'amène une chanson que chantait Dean Martin. Il avait traduit les paroles, le sujet était le boulot. Je n'étais pas très emballé. Je propose à Maurice d'essayer avec « Le travail c'est la santé » ! « Mais oui, c'est un dicton qui fait "Le travail c'est la santé, rien faire c'est la conserver" ! – Très bien ! Continue ! » En revanche, la musique ne collait plus. J'ai dit à Maurice que je m'en occupais. Je suis parti en vacances dans le sud de la France. Dans un petit village, il y avait un mariage. J'ai observé et écouté ce qu'ils chantaient. Ça a démarré par des valses, puis des marches pour finir avec des farandoles sur des marches. Bien sûr, c'était ça qu'il fallait faire !!! Et la chanson est née...

*

Faire rire les gens, ça leur fait oublier qu'ils sont méchants. Quand on rit, on est dans un état de joie, d'extase, on oublie les défauts.

*

L'hiver, je fais la cuisine. J'adore ça, je fais divinement bien la cuisine et comme je ne peux pas résister à ma cuisine... je bouffe! Et l'été, j'essaie de ne pas cuisiner, je joue aux boules et je maigris... Je suis pour ainsi dire un pneu : l'hiver je gonfle, l'été je dégonfle...

*

J'ai l'air excentrique, mais je ne le suis pas...

*

Mon rire est musical. Je voulais fonder une école de musique, mais le plus difficile est de trouver des rieurs, surtout des sopranos, des basses pour les tonalités. Vous rendez-vous compte, un orchestre de cinquante musiciens rieurs ???... Ce serait pas mal...

*

J'ai mon studio et mes instruments dans ma chambre, à tout moment du jour et de la nuit, je peux composer et enregistrer.

*

Nous vivons une époque bizarre parce que maintenant nous confondons l'humour et la médisance. L'humour est une tournure de l'esprit ; la médisance, c'est de la méchanceté.

*

Je ne cherche pas à faire des tubes, je cherche à m'amuser. Si ça fait un tube tant mieux.

*

Le 1er janvier est un jour exceptionnel pour moi. C'est pour ainsi dire le premier jour de la vie d'une année, c'est assez émouvant, c'est une naissance.

*

Je suis béni des dieux, j'ai reçu le soleil dans mon sourire.

*

J'ai appris le sens de l'heure grâce à ma femme parce que je ne comprenais pas ce que c'était que d'être à l'heure ou en retard. Je n'ai jamais de montre, et quand je dis à quelqu'un : « On se voit demain », je ne sais pas si c'est le matin ou l'après-midi… C'est juste demain.

*

Je n'ai aucune notion de ce qu'on appelle le vedettariat. Si je n'avais pas ma femme, ça ne me ferait rien d'aller à la terrasse d'un café et de chanter si ça fait plaisir aux gens. D'ailleurs, j'ai commencé comme ça : je suis un bohème qui continue à être bohème. Ma petite femme m'empêche d'aller vadrouiller, car je suis resté un vrai petit voyou...

*

Quand on écoute un disque de Salvador, il y a une couleur, il y a une recherche et il y a ma patte. Si ça ne plaît pas, ça ne fait rien, ça veut dire que je me suis trompé. Si ça plaît, c'est une victoire formidable pour moi.

*

Un enfant, c'est le public le plus dur et le plus merveilleux parce que, lui, ne choisit pas. Si ça lui plaît, ça lui plaît, si ça ne lui plaît pas, il vous le dit.

*

Pour Noël, lorsque j'étais gosse, on n'avait pas de cadeaux, mais je m'en fabriquais moi-même. Je faisais un lance-pierre, par exemple, ou, avec une boîte d'allumettes, je me faisais une petite voiture. Mais, maintenant, mes parents, c'est ma femme, alors je lui commande des cadeaux… c'est ma Mère Noël.

*

Pour sortir une belle chanson dans l'année, je peux composer jusqu'à quarante chansons dans la journée…

*

C'est plus facile pour moi d'aller sur scène parce que j'ai un tempérament à faire rire les gens, mais mon métier, c'est compositeur. Là, je peux m'exprimer pleinement.

*

Je suis né joyeux, je dois avoir une malformation glandulaire qui me donne la joie.

*

Les artistes sont beaucoup plus sincères que les politiciens. Le politique, lui, promet ; il est obligé de promettre parce qu'il veut des voix, et quand il les a eues, il ne tient plus sa parole. Tandis que nous, les artistes, on peut promettre au public un spectacle, et quand on y est, on paye comptant, c'est la différence.

*

Le plus grand artiste du monde, c'est Fred Astaire. C'était un fabuleux danseur, un merveilleux comédien, un chanteur très agréable et surtout un professionnel.

*

J'ai pensé faire carrière aux États-Unis, puis je me suis dit que j'avais mis vingt ans pour me faire un nom en France, alors aux États-Unis, j'aurais mis cent ans. Pourquoi aller perdre mon temps là-bas alors que je suis très bien en France ?

*

Il n'y a que les gens qui sont passés par des drames qui voient clair. La vérité ne vient que de la souffrance.

*

Depuis que je suis gosse, je ne supporte pas de voir les gens tristes. C'est un besoin pour moi d'égayer les gens.

*

Il ne faut pas jouer la vie, faut la vivre.

*

Quand on chante, il faut oublier l'auteur, le compositeur, il faut ÊTRE la chanson, la vivre. Il faut souffrir les mots, rire les mots.

*

Un jour, j'ai croisé une jeune femme ravissante. Je lui ai dit qu'elle était belle comme un ange. « Les anges n'ont pas de sexe, a-t-elle répondu. – C'est pas grave, je vais vous en créer un ! »

*

Je jouais dans une boîte russe tenue par un Italien, c'était en 1937. Dans ce cabaret, il n'y avait absolument personne, à part un violoniste russe, un pianiste américain (qui était arrivé avec Joséphine Baker en 1928), moi à la batterie, le patron, deux entraîneuses, deux maîtres d'hôtel et un portier. Je gagnais 10 francs [1,50 euro] par soir. Tous les soirs, j'arrivais à 22 heures et ça finissait à 3 heures du matin. Il n'y avait jamais personne, et le truc, c'était que, quand le portier entendait ou voyait s'approcher des gens, il tapait trois coups sur la porte. Alors, hop ! on se mettait à jouer, les filles dansaient et quand les gens passaient sans s'arrêter, le portier retapait, et on arrêtait de jouer. Et un jour, à 2 h 50 du matin, le portier tape, alors, hop ! la musique... Miracle, un type entre. On n'avait jamais vu ça ! C'était un Polonais, il était déjà un peu bourré. Il s'assied à une table, et il dit le mot magique : « Champagne ! » Les filles se sont assises à côté de lui, les deux maîtres d'hôtel ont apporté au moins quatre bouteilles de champagne. Nous, on jouait notre jazz et puis il a sorti un autre mot magique : « Tsigane », qui a été un assassinat pour moi. Le violoniste russe s'est approché de lui, s'est mis à jouer ; mais pas moi : il n'y a pas de batterie dans la musique tsigane. Et le client pleurait, commandait des bouteilles, lâchait des pourboires à tout le monde sauf à moi. Finalement, il est parti à 10 heures du matin. Il a appelé le musicien russe, sorti quelques billets et les lui a donnés en disant : « C'est très bien, à demain ! » J'attendais : « Il y a combien pour moi ? – Y a rien ! – Comment ça, rien ? – Bah, t'as pas joué ! – Mais je suis quand même resté là ! – Oui, mais s'il avait dansé, tu touchais ! Comme il n'a pas dansé, tu ne touches rien... » Et je suis resté pendant des semaines de 22 heures à 10 heures sans jouer pour 10 balles.

*

Je n'aime pas l'injustice, le mensonge, le racisme et les snobs.

*

Je ne veux pas écrire mes mémoires, ça me filerait un coup de vieux...

*

J'ai horreur de refaire la même chose, je n'aime pas la routine. J'adore me renouveler.

*

Mon seul regret est de n'avoir pas fait d'études. Je me suis jeté dans les livres mais on ne rattrape pas ce qu'on n'a pas fait.

*

J'écoute toujours les infos, parce que j'ai peur qu'il y ait la guerre.

*

J'aime la musique mécanique et anachronique, celle de l'an 3000.

*

J'évite de côtoyer les gens du show-business, ils attrapent tous une maladie... la grosse tête !

*

J'adore le sud de la France, je suis un enfant du Midi... et demi...

*

Je chante pour les gens heureux, ceux qui se prennent pour des enfants et qui sont restés des enfants.

*

Comme je n'avais pas de mémoire, j'ai demandé à Francis Joffo [auteur] de m'écrire un sketch où je n'avais pas un mot à dire... et il l'a fait!!!

*

Paul Misraki est un musicien de l'éternité.

*

Histoire de la chanson « Le Gars de Rochechouart » :

Boris Vian avait des connexions partout. Tout le monde le connaissait et il connaissait des gens dans le monde entier. Je me souviens, je suis allé à Stockholm : en marchant dans la rue, il me vient une mélodie. Je vais voir un éditeur : « Voilà, votre ville m'a inspiré une chanson, je voudrais un parolier. » Il m'en présente un, c'était un pote de Boris Vian. Je me suis dit : « C'est pas possible, il me suit partout ce type ! » Le parolier a fait les paroles en suédois, et quand j'ai raconté l'histoire à Boris, il a fait la traduction, puis d'autres paroles et ça s'est appelé « Le Gars de Rochechouart ». Ça n'avait plus rien à voir avec Stockholm ! C'est une mélodie à la Kurt Weill [compositeur allemand] !

*

Au tout début, quand je jouais de la guitare dans les orchestres, je m'amusais à siffler. Et un copain m'a dit d'essayer de chanter, et ça a plu…

*

Je suis atteint de mimétisme, j'imite n'importe quoi. Si un type écrit devant moi, je peux écrire exactement comme lui.

*

Sacha Guitry était terriblement cabot ; il appelait le patron du cabaret où je jouais : « Je viens ce soir, réservez-moi la table à côté de l'orchestre ! » Et il faisait mettre un projecteur sur lui.

*

Boris Vian n'était pas un gars d'hier, ni d'aujourd'hui, mais de demain.

*

J'ai d'abord donné « Syracuse » à Jean Sablon parce qu'il cherchait une chanson. Huit jours après, je reçois un coup de téléphone d'Yves Montand : « Écoute, je dois faire ma rentrée à L'Étoile... T'aurais pas une chanson pour moi ? – Je vais t'en faire une sur mesure ! » Et je lui apporte chez lui. Je lui chante la chanson, il était très sérieux, et à la fin il me dit : « Ce n'est pas pour moi ! » Bah, mon vieux, si ce n'est pas pour toi, ça ! Parce que c'était facile de composer pour Montand, le personnage était facile à habiller, comme on dit dans le métier. Je prends le risque, je ne lui dis pas que je l'ai donné à Sablon. « J'en ai une autre, si tu veux, je te la chante ! » À ce moment entre Simone Signoret, et elle s'assied. Je me mets au piano et je chante « Syracuse ». Montand, toujours sérieux, regardant le ciel. À la fin de la chanson, au moment où il allait me dire : « Ce n'est pas pour moi », il se retourne et voit Simone Signoret qui pleure. Il me dit : « C'est celle-là... »

*

Il faut que je trouve le remède pour vieillir, sinon je vais me faire insulter.

*

La carrière de music-hall, c'est comme un marathon : il faut avoir le souffle. Ce n'est pas tout de faire UN succès (tout le monde peut en faire UN) : il faut avoir le souffle pour faire un deuxième succès, puis un troisième...

*

Avec un homme aussi simple que moi, évitez les grands mots.

*

Pour être en forme, il faut dormir dix heures par nuit et ne pas oublier la sieste.

*

Faire rire est le métier le plus difficile au monde ; malheureusement les choses difficiles ne sont pas bien considérées.

*

Le pauvre est plus généreux. Il va faire l'impossible pour que vous soyez reçu comme un prince. Le bourgeois, lui, est radin. Il va recevoir en disant : « On a fait comme d'habitude, hein, on n'a pas mis les petits plats dans les grands ! » Le milliardaire vous reçoit bien, parce qu'il le peut. Mais on ne sait pas si, dans la misère, il ne serait pas radin.

*

Quand on est arrivé à Paris, certaines personnes me traitaient de petit nègre. Ma mère me voyait pleurer et me disait : « Tu t'y habitueras, mon fils ! »

*

Si on dit du bien de soi, ça fait boule de neige et tout le monde dit du bien de vous.

*

J'ai rencontré Orson Welles au Brésil. Il était venu tourner un film, il nous avait engagés, nous, Les Collégiens, pour faire partie du film. C'était un type qui dépensait énormément, il avait une voiture avec deux motards devant, c'était un bluffeur terrible. Un jour, nous étions en train de répéter la musique de Paul Misraki. Orson Welles est venu voir les répétitions de l'orchestre. Il s'est assis. Puis, d'un seul coup, il s'est approché de Misraki : « Je m'excuse mais le troisième trombone à telle mesure, ce n'est pas un *fa* dièse mais un *fa* bécart ! » Et il avait raison…

*

Il y a trois Salvador en moi, je m'en contente très bien, mais ça m'empêche un peu de dormir.

*

Je ne connais que l'école buissonnière, ne me parlez pas de collège ni d'université… Je me suis fait tout seul.

*

Je pleure rarement : quand je pleure, c'est de rire.

*

Ce qui fait du tort aux champions français, ce sont d'abord les femmes et ensuite le pinard.

*

Je n'ai pas souffert de cette image de clown, car j'ai toujours fait les deux. Je faisais rire les gens et, entre-temps, je leur chantais de belles chansons. J'ai remarqué une chose : dix ans plus tard après mon tour de chant à l'Alhambra, eh bien, les gens se rappelaient surtout des belles chansons mais pas des sketches, ce qui prouve que c'est la chanson qui est la reine du music-hall.

*

Je sors un disque tous les quatre ans pour faire croire que je travaille.

*

J'aime bien le crooner et le swingant. Le rigolo, c'est pour la bouffe. C'est le rigolo qui fait manger les deux autres...

*

Ce qui me reste des Antilles et de la Guyane ? Ma voix !

*

Chaque fois qu'on me demandait d'écrire mes mémoires, je répondais que je n'en avais pas...

*

L'homme qui m'a fait aimer ce métier, c'est le clown Rum. C'était un fabuleux artiste. D'ailleurs, il avait cette magie : en faisant presque rien, les gens éclataient de rire. Comme je réagissais tout de suite à ses gags, il m'a fait venir dans sa loge. Il m'a dit : « Mais tu comprends alors tout ce que je fais ? – Ah oui, m'sieur, vous êtes rigolo ! » Alors, il m'a invité à revenir tous les dimanches gratuitement, et m'a demandé de me mettre tout là-haut au poulailler parce que c'est là qu'il y a le public le plus gentil.

*

Dans une de mes émissions, « Dimanche Salvador », j'avais trouvé une idée sympa. Je disais aux jeunes : « Poussez-vous, laissez venir les vieilles personnes devant ! » Je leur chantais une vieille chanson de leur époque avec les paroles sur l'écran, et je leur disais de chanter avec moi. Un jour, comme les émissions étaient enregistrées, j'étais chez moi, je suis allé à la fenêtre et j'ai entendu tout mon quartier qui chantait.

*

Le souffle de ma vie, c'est la fainéantise.

*

Si vous allez aux Antilles, vous vous apercevrez que tout le monde rit comme moi. Là-bas, nous rions en « ah! ». Il y a d'autres pays où on rit « euh! euh! », ou bien en « hi! hi! », d'autres en « ho! ho! »... Nous, c'est « ah! ah! ». Je crois que c'est à cause du soleil...

*

J'ai un ami qui ne rit jamais, enfin, il rit à l'intérieur, et ça, ce n'est pas bon pour mon boulot!!!

*

Dans ce métier, on ne peut pas donner de conseils, parce qu'il faut tellement de qualités pour y arriver. Il faut d'abord avoir un physique, la voix, le rythme, il faut du tempérament et en plus il faut la chance.

*

Ma mère nous éduquait comme une peinture de Duffy, par petites touches.

*

Elle nous disait des choses très profondes avec une voix caressante, on se les rappelait parce que ce n'était pas dit méchamment...

*

La vie est une farce extraordinaire... Je la prends comme elle vient...

*

Il n'y a qu'une chose qui paye, c'est le talent. Le talent, c'est indestructible. Et ça ne paye qu'à la longueur des années.

*

J'ai toujours fait le crooner, mais j'ai une bouille qui fait rigoler.

*

Toutes les plus grandes musiques du monde sont improvisées, que ce soit la musique du jazz, que ce soit la musique espagnole, la musique arabe, la musique hindoue.

*

Les artistes sont à l'opposé des journalistes. Nous, nous nous battons pour enlever les soucis des gens, et les journalistes ne pensent qu'à une chose : raconter des mauvaises nouvelles.

*

Je voudrais dire aux gens qu'ils prennent la vie du bon côté, comme moi, parce que, en fin de compte, c'est une belle rigolade, la vie !

*

Pour moi, le jazz est le dernier endroit où on peut s'exprimer et faire de belles chansons.

*

Je suis un fainéant qui travaille sans le savoir.

*

Les femmes ! Je les mets tout en haut, tout en haut... On les voit mieux d'en bas !

*

Je suis un vrai saltimbanque.

*

Il est plus difficile de faire rire que de faire pleurer ; malheureusement, en France, on a plus d'admiration pour un type qui fait pleurer. Pourtant, un homme qui sait faire pleurer ne sait pas faire rire, tandis qu'un homme qui sait faire rire sait faire pleurer.

*

C'est au Jimmy's Bar que j'ai commencé à improviser mes sketches. Et il y avait des soirs où je n'avais pas du tout envie, alors, je jouais de la guitare. Il y avait une dame qui venait souvent avec son mari pour s'amuser. Un soir, elle va voir un musicien et lui demande : « Pourquoi il ne fait pas de sketches ce soir ? – Ah, non ! Ce soir, il ne fait rien. Ça dépend de son humeur. S'il a envie de rire, il fait des bêtises, sans ça, il ne fait rien ! – Et qu'est-ce qu'il aime dans la vie ? – Sa passion, c'est le chocolat ! » Alors, la dame est sortie pour aller acheter du Toblerone. Elle m'a donné le chocolat, et, d'un seul coup, c'est parti, j'ai commencé à les faire rire. Ma carrière de fantaisiste a commencé pour ainsi dire grâce à une tablette de chocolat Toblerone.

*

Pour aller en zone libre, j'ai dû passer par l'Espagne. Le type m'avait fait monter dans une charrette tirée par un âne. Et quand l'âne grimpait la côte, il n'arrêtait pas de péter. Et je riais comme un fou.

*

Je chante tous les jours, je suis un vrai petit oiseau des îles.

*

Je suis très honnête avec le public, je donne le meilleur de moi-même.

*

C'est plus facile de faire rire sur scène qu'à la télévision. Sur scène, les gens sont assis, ils ont payé leur place, ils vous regardent, ils sont prêts à recevoir. Tandis que, à la télévision, ils ne sont pas obligés. Ils peuvent parler entre eux : « Hé, dis donc, qu'est-ce que tu as fait, hier ? » Ou bien : « Ah, dis donc, la bagnole n'a pas marché ce matin ! – Tais-toi, y a Salvador qui passe à la télé ! » Et il a perdu deux secondes du sketch.

*

J'aime la musique qui frotte, la musique compliquée, celle qui n'est pas logique.

*

C'est Boris Vian qui m'a amené à la pataphysique. Il y avait une soirée spéciale pour moi, chez lui, cité Véron, près de la place Blanche. C'était amusant parce qu'il habitait à côté de Jacques Prévert. Ce jour-là, il y avait René Clair, Raymond Queneau, enfin, toute la poésie française qui était là pour mon intronisation à la pataphysique. Je leur dis que je suis très content, très fier, mais que je ne sais pas ce que je vais faire de mon diplôme. Ils me répondent : « Mettez-le dans les chiottes, mon vieux! – Au fait, c'est quoi, la pataphysique? – Bah, c'est rien du tout! – Comment ça? – Ce sont des gens de n'importe quel niveau qui se réunissent pour déconner, vous avez eu le diplôme du déconneur! »

*

Si on est un imbécile, eh bien, qu'on soit de gauche ou de droite, on n'y arrive pas, et si on est un type intelligent, qu'on soit de gauche ou de droite, on y arrive.

*

Je ne fais pas de grimaces, je fais des mimiques.

*

À Noël, la seule chose qui me plaît, c'est quand les enfants de 3 ou 4 ans reçoivent leurs cadeaux. L'émerveillement qu'on voit dans leurs yeux, leur joie immense. Ça me fait fondre en larmes.

*

J'étais allé à Pleyel voir Armstrong en concert. J'étais sur mon siège. Quand il est arrivé sur scène, je me suis mis à pleurer... C'était mon idole!

*

La composition, chez moi, c'est perpétuel. Je suis en train de vous parler et hop! Tout à coup, une mélodie peut arriver.

*

Quand on m'a dit que je faisais partie du patrimoine français, je leur ai dit que je ne devais plus payer d'impôts. La tour Eiffel ne paye pas d'impôts… elle !!!

*

Derrière chaque homme, chaque artiste, il y a une femme.

*

Quand j'ai eu 80 ans, je ne m'y attendais pas… C'est comme la pluie et l'orage… ça vient sans prévenir…

*

J'ai commencé ma carrière avec le jazz, je la finirai avec le jazz.

*

Depuis « Le travail c'est la santé », on m'a catalogué de paresseux... Alors que je l'étais bien avant...

*

En vieillissant, j'ai pris le teint des murs de Paris.

*

La chanson, ce n'est pas de la science infuse. Tout le monde peut se tromper. La preuve, un jour j'étais en Italie. Un type est venu me proposer une chanson ! J'ai trouvé qu'elle n'était pas pour moi. C'était « Arrivederci Roma »...

*

La télévision est facteur de progrès social : elle donne accès aux spectacles à tous publics, pauvres ou riches.

*

Les femmes sont très dures… Ce sont elles qui disent « oui ».

*

Quand vous tuez un homme, vous vous tuez vous-même, car plus tard il y a toujours quelqu'un qui vous tue aussi. On appartient à la mort, on appartient à l'éternité.

*

Regardez la beauté d'un œil. C'est extraordinaire, c'est une chose merveilleuse qu'un œil. On peut voir l'âme et la pensée quand on le regarde !

*

Il y a des chansons que j'ai faites sur des paris. Un jour, le parolier René Rouzaud [auteur-compositeur d'Édith Piaf] m'a dit : « Tu n'écriras jamais un tube parce que c'est trop compliqué ce que tu fais ! » Alors, j'ai fait un pari avec lui. Un gueuleton contre un tube. Et j'ai composé dans ma loge. Le lendemain, je lui ai chanté : c'était « Ma Doudou ».

*

Tout le monde veut toujours une histoire extraordinaire autour de petits événements ridicules.

*

Écoutez, il va falloir que vous vous habituiez à oublier le mot « papy ». Parce que vous vous apercevez qu'il n'y a plus de vieux. Ce qui me fait marrer, ce sont les gens qui vont défiler dans la rue en demandant la retraite à 60 ans. Malheureusement, à 60 ans, c'est le moment où on a toutes ses facultés, on est plein d'idées, on connaît bien son métier, et, eux, ils veulent rester à la maison, s'ennuyer, faire les jardins. Une vraie vie, c'est la bagarre perpétuelle ! On ne vient pas sur terre pour regarder les arbres pousser.

*

Je ne regarde jamais dans le rétroviseur. Je n'ai pas de regrets.

*

J'adorais Frank Sinatra. Et Quincy Jones m'a dit : « Tu n'aurais pas pu t'entendre avec lui ! Il n'avait aucun humour ! »

*

J'adore ensorceler les gens avec les mots.

*

J'aime les musiciens qui prennent des risques. Par exemple, Xenakis. Je suis un amoureux de sa musique. Un jour, j'étais à la Sacem, je le rencontre. Je ne le connaissais pas. Il m'arrête : « Monsieur Salvador, vous ne pouvez pas savoir ! Votre chanson "Syracuse", c'est merveilleux !
– C'est vous, monsieur Xenakis, qui me dites ça ! » Il était très flatté que je connaisse sa musique.

*

Je n'ai jamais fait attention à ma carrière, je me suis beaucoup amusé. C'est un métier passionnant, parce que c'est un amusement perpétuel.

*

Le crooner est l'ambassadeur des sentiments humains.

*

Un soir, Sacha Guitry est venu me voir après mon spectacle. Il avait fait un dessin et écrit « Bravo Salvador ». J'avais appris qu'il n'avait même pas le certificat d'études. J'ai trouvé extraordinaire qu'un monsieur qui pouvait dominer Paris avec ses écritures ne l'ait pas... Ça m'a donné un courage fou pour continuer ma carrière.

*

L'important pour un musicien est de respecter la musique des paroles.

*

J'ai été directeur d'une maison de disques !
Je n'avais qu'un seul artiste, c'est Salvador !
On se voit souvent d'ailleurs !

*

Je dis souvent « Je t'aime », car les femmes ont très peu de mémoire.

*

Je vais vous raconter mon plus grand fou rire. C'était avec Vian. Chaque année, le journal de France Culture avait un jour dans l'année où tout le monde pouvait venir pour dire ce qu'il voulait. Cette fois-ci, c'étaient les pataphysiciens. Boris voulait que je lise un texte à l'antenne. C'était l'histoire d'un type qui a écrit un bouquin sur comment déguster une huître, ça ne voulait rien dire. On l'avait enregistré chez moi, dans mon studio. Je commence à lire et je me mets à rire. Vian était le roi du canular. On a dû le refaire plusieurs fois...

*

Je connais un type à Marseille qui a dit la parole la plus juste : « Une boule qui roule, c'est tout le bonheur ou tout le malheur du monde ! »

*

Je voulais faire rire une caméra. Eh bien, j'y suis arrivé. Le gag était tellement bon que le type derrière la caméra riait et la caméra bougeait.

*

Je n'aurais jamais cru, le cancre que je suis, que mes chansons seraient apprises aux enfants dans les écoles.

*

Une carrière, ça doit commencer par un disque, faire un petit cabaret, faire des scènes un peu plus grandes, arriver au music-hall et quand on connaît bien son métier, alors, on a le droit de se présenter à la télévision devant 50 millions de personnes.

*

Aujourd'hui, on ne fait plus de chansons, on fait de la décalcomanie.

*

Le mot « fricassée » est un mot qui me chatouille les papilles.

*

Je me suis retrouvé avec le groupe Pow Wow dans une émission de Jean-Pierre Foucault. J'étais ravi de les rencontrer après leur reprise de « Le lion est mort ». Ils ne savaient pas que j'avais fait les paroles. Je suis allé les trouver en les félicitant pour leur version. « Si vous en voulez d'autres, je me ferais un plaisir de vous les envoyer ! – Ah non, maintenant on les écrit, nous ! »... J'ai pris la gifle de ma vie.

*

Le matin, je ne me regarde pas dans le miroir, je dors.

*

Une soirée à la TV représente cinquante ans à l'Olympia.

*

Je crois que, dans tout, il faut savoir oser, essayer d'aller toujours plus loin.

*

J'ai fait une carrière de fantaisiste, et aujourd'hui triomphe le crooner.

*

Quand on a la faculté de faire rire et pleurer le public, je vous assure qu'il y a de la jouissance là-dedans.

*

Les musiques compliquées m'inspirent. Dans une petite chanson que j'ai écrite « Le Loup, la Biche et le Chevalier », plus connue sous le titre de « Une chanson douce », le milieu de cette chanson, c'est déjà du vicelard : c'est un accord de *la* bémol, avec un *ré* bécart, et l'on trouve ça rarement dans une chanson toute simple.

*

Les jazzmen sont en général des gens assez burlesques dans la vie. Je crois que le burlesque est une sorte d'improvisation de l'esprit.

*

J'aurais rêvé rencontrer Ravel et Stravinski ! D'ailleurs, c'est amusant car Quincy Jones a eu la chance de rencontrer Stravinski. Quincy prenait des cours chez Nadia Boulanger [musicienne, pédagogue, compositrice], et un jour Stravinski était là. Il arrive et elle lui demande de rentrer dans le bureau. « Je vais vous présenter M. Stravinski ! » Et lui, très poliment, demande à Quincy : « Alors, qu'est-ce que vous faites en ce moment ? » Et Quincy, très gêné, lui répond : « Écoutez, je fais des arrangements sur une chanson d'Henri Salvador, "Le Blues du dentiste" ! » Quincy était confus et Stravinski a fait une drôle de tête, il a dû se dire : « Qui c'est ce type-là ? »

*

J'étais un type exécrable, prétentieux et bête. Le yoga a changé mon regard. On ne peut pas haïr un autre homme. C'est haïr soi-même.

*

Un jour, une amie me dit : « Tu sais, on te demande à la prison des Baumettes à Marseille. Ils vont ouvrir un terrain de boules pour les prisonniers, est-ce que tu veux venir l'inaugurer ? » Je n'avais jamais été dans une prison. J'y suis allé, et il s'est passé une chose invraisemblable. Le directeur de la prison me reçoit, on passe une première porte, puis une seconde, une troisième… Il y a quatre portes comme ça… Des portes gigantesques. Et puis, enfin, on arrive là où il y a tous les prisonniers. Et, quand j'arrive avec le directeur, d'un seul coup tous les prisonniers crient : « Oh, Henri !!! » Alors, le directeur a commencé à faire une drôle de tête, il a dû se dire : « Il est copain avec ces gars-là ? » C'étaient tous des joueurs de boules !!

*

Brassens, quand il était sur scène, on avait envie de monter sur scène et de l'embrasser, tellement c'était charmant.

*

Je n'ai pas l'air mais je suis un travailleur effréné… Ça me fait marrer quand j'entends parler des trente-cinq heures, parce que, moi, je travaille vingt-quatre heures sur vingt-quatre (dans ma tête !).

*

J'aurais voulu composer « Avec le temps » de Léo Ferré ! C'est une grande chanson.

*

J'aime surtout m'en aller vers le soleil, je n'aime pas l'hiver… Regardez mon teint, je ne suis pas fait pour l'hiver !

*

La première fois que je suis vraiment monté sur une scène (parce que, avant, je faisais beaucoup de cabaret), c'était à Nice : il y avait un casino qui était sur l'eau, en face de Nice. Je me souviens, il y avait Paul Misraki en coulisse ! Je suis monté sur scène, j'ai fait mon numéro, après, en sortant, je dis à Misraki : « Mais c'est ça, la scène ? – Oui ! » Si j'avais su, j'en aurais fait plus tôt... c'est vraiment merveilleux. Car, au cabaret, il faut réussir à faire taire des gens, alors que, sur scène, il y a un silence respectueux pour l'artiste.

*

Dean Martin ne buvait pas comme on a pu le dire ! Mais son truc, quand on l'annonçait, il se trouvait toujours au bar, exprès ! Et le type annonçait : « Et maintenant, en direct du bar, M. Dean Martin ! » Et lui faisait semblant d'arriver un peu soûl... mais, en fait, pas du tout !

*

Quand Louis Armstrong est mort, je me suis dit : « Le jazz est mort ! »

*

Je suis d'une époque où il y avait encore des chanteurs des rues, accompagnés d'accordéonistes. C'était formidable, c'était l'époque de Mistinguett et de Maurice Chevalier. C'était un Paris qui chantait. C'est dommage que cela n'existe plus, c'était une belle époque de Paris.

*

Quand j'étais jeune, je voulais tellement tout vivre que je ne dormais pas. Je me suis rendu compte, après, que c'était idiot : il faut respecter le rythme de la vie.

*

Je suis né fainéant, je mourrai fainéant !

*

On ne fait jamais deux fois le même gag. Vous savez, quand on répète un gag, c'est qu'on est à court d'idées.

*

Je ne vais pas beaucoup aux concerts classiques. Les concerts, je me les fais à la maison, avec le casque sur les oreilles. On entend mieux, on entend tout. Je mets la musique très fort, comme ça, je peux entendre les partitions.

*

J'ai appris à devenir rêveur grâce à mon père qui un jour m'a donné 2 francs pour aller au cinéma. J'ai pris les 2 francs, je suis parti de la Madeleine pour remonter les boulevards jusqu'à République. Il y avait plein de cinémas à droite comme à gauche. Je me suis arrêté devant le premier cinéma, c'était 50 centimes l'entrée. J'ai regardé mes sous. Il ne me resterait plus que 1,50 franc ! Alors, je me suis mis à regarder les photos du film et je me suis fabriqué une histoire. J'ai repris ma route et, devant le deuxième cinéma, je me suis dit : « Autant continuer le même scénario en mélangeant les personnages du premier film avec ceux du deuxième », etc. Ce qui fait que, arrivé à République, j'avais un cinérama avec la plus grande distribution du monde !

*

Ça m'arrive d'être sérieux, mais je ne veux pas être un emmerdeur.

*

Je me souviens d'un réalisateur qui une fois me dit : « Voilà, vous allez faire cette scène. Vous êtes là, vous prêtez votre pantalon à monsieur le ministre, on va vous voir en caleçon, et ça va être drôle ! – Vous savez, je peux faire rire AVEC le pantalon ! »

*

Je suis né le 18 juillet 1917 à Cayenne, rue de la Liberté... C'est un rêve de forçat !

*

Un jour, j'ai rencontré un musicien prix de Rome à la Sacem. Il me dit : « Vous avez de la chance de ne pas connaître la musique ! – Ah bon ? Pourtant, c'était mon rêve d'apprendre ! – Parce que vous seriez prisonnier de la technique de la musique, tandis que, là, vous pouvez vous envoler sans contrainte ! J'aurais voulu être à votre place ! » Vous vous rendez compte ! Un grand prix de Rome !

*

La beauté ne se voit pas sur le visage mais dans le cœur.

*

J'ai une voix qui est prête à tout !

*

La mécanique des mots m'inspire ou pas...

*

Je n'aime pas les copieurs, j'aime les créateurs !!

*

J'étais à New York avec Quincy Jones. « Dis donc, je viens de faire un titre avec un truc formidable ! » Il écoute et me dit : « Waouh, extra ! » Paul Simon était là : « Let me listen to that ! » Il entend la chanson et a la même réaction que Quincy ! Je lui explique : « Tu sais, les grands mélodistes sont sud-africains ! » Ce n'est pas tombé dans l'oreille d'un sourd. Il a pris l'avion, il a été là-bas et a fait un super album, *Graceland* ! Il a cartonné ! Quincy m'a dit : « Tu aurais mieux fait de fermer ta gueule ! »

*

Une belle chanson est immortelle ! Il vaut mieux chanter l'immortalité. L'immortalité, c'est merveilleux !

*

On a toujours dit que les femmes m'ont fait travailler ! J'ai toujours travaillé pour elles !

*

Il faut se vaincre soi-même pour gagner le public, parce que ce n'est pas avec le public qu'on se bat : c'est avec soi-même.

*

J'ai tellement pleuré les huit mois qui ont précédé la mort de ma femme Jacqueline que, le jour de son enterrement à la Madeleine, les gens étaient surpris de ne pas me voir pleurer. Je n'avais plus de larmes.

*

Je suis l'ami public numéro un.

*

Pendant la tournée des Collégiens avec Ray Ventura en Amérique du Sud, nous sommes allés au Chili. Je me souviens d'une statue d'une jeune femme au milieu de la ville. J'ai demandé qui c'était. On m'a dit : « C'est la seule vierge qu'il y ait à Valparaiso !!! »

*

Ma journée type : je commence par ne rien faire, je finis par ne rien faire, et entre les deux je fais une chanson...

*

Je n'aime pas être commandé, mais si on me le demande gentiment je le fais !

*

Boileau disait : « Un beau désordre est un effet de l'art. » J'ai un désordre fou chez moi, il ne faut pas le déranger sinon je ne retrouve plus rien.

*

Je suis un sacré veinard, quoi ! Parce qu'un mec qui n'a pas fait d'études et qui est arrivé à ce point-là, c'est pas mal... Regardez tout ce qui m'arrive. En plus, je suis au musée Grévin et dans le *Larousse* ! C'est à hurler de rire !

*

Je ne connais pas le stress... C'est une maladie ?

*

Je me suis inventé cette réputation de fainéant pour pouvoir être peinard.

*

La force d'une chanson est quand elle dépasse le sillon, sinon il n'y a pas d'émotion.

*

Il ne faut pas m'amener à un enterrement, je pisse de rire... Je trouve ça trop drôle!

*

On peut très bien faire une carrière sans avoir de voix, mais en ayant du cœur.

*

Tout le monde a des ennemis. On ne peut pas l'éviter, même Jésus-Christ n'a pas fait l'unanimité, alors vous pensez... Salvador!!!

*

J'ai toujours fait rire les copains. Je peux faire pleurer quand je veux. Je l'ai fait plusieurs fois, mais je trouve que c'est un peu inutile; je trouve que la vie est tellement belle qu'on n'a pas le temps de pleurer. On a assez d'emmerdements pour en plus faire pleurer les gens.

*

Le jazz est une forme d'expression où on s'envole.

*

La femme française est élégante, il y a du charme en elle, de la douceur, de la finesse. Elle a toujours été supérieure à toutes les autres, parce qu'elle a quelque chose de parisien... Et Paris, c'est merveilleux !!!

*

Ce sont les gens qui vous donnent de la valeur.

*

En général, vous savez en France, à partir de 50 ans, vous êtes foutus. Et, justement, c'est grâce à moi qu'on commence à reconnaître les vieilles personnes. C'est au moment où on connaît le mieux son métier qu'on nous vire !!!

*

L'argent est l'ennemi de l'artiste. Il doit venir automatiquement si vous êtes bon...

*

J'irais bien en Chine faire des concerts. Pour les distraire tous, j'en ai pour un moment !!!

*

Le mariage est l'art des concessions. Il faut accepter la femme comme elle est. Quand on aime une femme, on lui pardonne comme à un enfant.

*

Le compositeur, c'est l'âme de la chanson ! L'arrangeur, lui, est là pour faire le soutien !

*

Je suis prisonnier de la rigolade et des larmes : entre les deux, mon cœur balance.

*

Le trac, ça existe lorsqu'on n'est pas prêt, lorsqu'on ne connaît pas son texte...

*

Tu vois, un mec comme Jésus, eh ben, c'est quelqu'un qui n'a pas dû se marrer tous les jours...

*

J'épouse les chansons, ma musique épouse les paroles, et ce mariage va directement dans le cœur du public, qui est plus pur qu'il ne le croit.

*

Je ne suis pas bon au poker : quand j'ai du jeu, tout le monde le sait !

*

Mon entrée dans le dictionnaire du *Larousse* est la glorification d'un nul célèbre ! D'ailleurs, maintenant, je vais être obligé de me plonger dans le *Larousse* pour apprendre des mots qui feront croire que je suis plus cultivé que je ne le suis.

*

Mon tiercé gagnant : chanteur de charme, swingueur et rigolo.

*

Je suis un homme d'instinct.

*

La musique et les mots, c'est le plus beau mariage qui existe !

*

Aux Antilles, on ne dit pas « Joyeux Noël », mais « Joyeux cocotier » !

*

Je suis multiple, je n'ai jamais pu faire une seule chose.

*

Je suis un moteur du rire.

*

Ma mère m'a raconté que lorsque j'étais tout petit, quand je prenais la tétée, je lui pinçais le bout du sein, et puis je la regardais et je riais. J'étais déjà très taquin…

*

Il y a deux métiers que je n'aurais pas pu faire : politicien et avocat, parce que ce sont des métiers de menteurs !

*

Je suis tellement fainéant que je n'ai pas de mémoire. J'ai arrêté le music-hall pour ça, d'ailleurs ! Car il fallait que j'aie un prompteur ; sans ça, je ne me rappelle d'aucune parole !!! De toutes les chansons que j'ai écrites, je n'en connais que deux !

*

Boris Vian était le seul type à me sortir de mon lit à 2 heures du matin.

*

Quand je compose, c'est un voyage perpétuel dans l'imaginaire !

*

Quand je faisais du music-hall, les gens applaudissaient à contretemps. Aujourd'hui, partout où je suis passé, les gens applaudissaient en swinguant !

*

Je n'aime pas les femmes qui se maquillent, je n'aime pas le maquillage. J'aime les femmes naturelles, sans fard, sans bijou, avec une petite robe toute simple !

*

Je trouve que les Français ont toujours été charmants avec moi. Et ce qui me plaît chez les Français, c'est qu'ils sont fidèles. Vous voyez, un vieux comme moi, ils m'aiment encore !

*

Quand ma femme Jacqueline est décédée, les gens dans la rue m'accostaient, me tapaient sur l'épaule : « Hé, Riton ! Raconte-nous une blague ! » Et je leur faisais un sourire de larmes !

*

Aujourd'hui, je réalise ce dont j'ai toujours eu envie, être un *crooner* en langue française.

*

Témoignages et anecdotes des amis d'Henri…

Moustache (1929-1987), batteur de jazz et comédien français

Henri est un jazzman averti, un merveilleux guitariste. Il a été nourri dans la musique de jazz, et ça se sent d'ailleurs dans toutes ses chansons. En jazz, ces dernières années, il a fait une chose fabuleuse. C'est-à-dire que j'avais fait deux disques avec Georges Brassens à la guitare, et, quelques mois avant sa mort, il m'a demandé de refaire encore un disque comme on avait fait, c'est-à-dire tous ses thèmes interprétés par les plus grands musiciens américains. Malheureusement, Georges Brassens a disparu, et on a décidé de faire le disque qu'il voulait faire. J'ai demandé à Henri de jouer la partie guitare qu'aurait jouée Georges. On a fait un disque absolument fantastique de qualité où Henri joue avec Clark Terry, Lionel Hampton, Frank Foster, Al Grey et tous les plus grands musiciens américains. Et je peux vous dire qu'il ne dénote pas du tout. Il a été absolument à la hauteur !

*

Claude Bolling,

pianiste de jazz, chef d'orchestre, compositeur, arrangeur

Quand j'étais enfant, à Nice, il jouait avec son frère André dans les boîtes de nuit, mais, l'après-midi, il jouait aussi à la terrasse des grands hôtels. Et l'heure où les adultes venaient prendre le thé, c'était l'heure où je rentrais de l'école. Alors, je m'agrippais à la grille, là, je me hissais, et pendant une demi-heure, pendant une heure… je l'écoutais. Évidemment, je rentrais en retard à la maison. Je l'écoutais jouer, j'étais absolument subjugué par le swing qui se dégageait de son jeu de guitare. Comme nous étions amis avec Boris Vian, et que Boris était ami avec lui, Boris m'a présenté à Henri, et c'est là qu'il m'a engagé pour l'accompagner. Je suis resté son accompagnateur un certain temps et, là, j'ai pu mesurer absolument l'étendue de son immense talent de musicien. À propos de musique et d'Henri Salvador, j'ai encore une anecdote. Quand il faisait son récital au Théâtre de l'Étoile, un jour on a vu arriver un petit jeune homme timide qui n'avait pas d'expérience et qui jouait très, très, très bien de la trompette… c'était Maurice André.

*

Georges Barrier (1933-2008), réalisateur TV dont « Les Salves d'or »

Il était difficile à travailler, dans la mesure où il est très perfectionniste. Contrairement à ce qu'il dit, et aux apparences, il n'est pas du tout fainéant. C'est l'inverse, c'est un grand travailleur. Jacqueline intervenait beaucoup : c'était une femme qui voyait tout, qui observait tout, qui se rendait compte de tout. Et je dois vous dire qu'elle ne laissait rien passer, pas plus aux autres qu'à elle-même, pas plus qu'à Henri qu'aux autres, vraiment. Je me rappelle d'un ballet qu'on a recommencé, je crois, huit ou dix fois, qui était très difficile à faire pour les danseurs, et pour Henri qui dansait réellement. Les filles qui avaient 20 ans étaient épuisées à la huitième fois, et Henri qui en avait un peu plus, vous imaginez dans quel état il était. Jacqueline a voulu le recommencer une neuvième fois, car elle a dit : « Henrrri, tu n'as pas l'œil !… »

*

Philippe Chatel (« Émilie Jolie »), auteur, compositeur, interprète

Ce que je dois dire, et qui est formidable, c'est que quand j'ai écrit cette histoire, où j'avais, comme ça, en rêvant, donner des rôles à une quinzaine d'artistes que j'appréciais, dont Henri pour jouer le rôle du conteur, je crois que c'est lui, le premier, qui a accepté. Alors, je suis allé le voir, très tremblant, très traqueur, en lui disant : « Voilà, j'ai écrit une histoire avec des chansons, je voudrais te la montrer ! » Il m'a reçu chez lui, puis je lui ai chanté toutes les chansons et je lui ai raconté l'histoire. Et il m'a dit oui tout de suite, immédiatement. Il m'a dit : « Ah ! c'est formidable comme idée », etc. L'enregistrement, je me souviens, c'était un jeudi, à 9 heures, il est arrivé pile à l'heure. Il savait les chansons, il ne s'est pas trompé, c'est-à-dire qu'il avait travaillé chez lui, il est arrivé en grand professionnel. On n'a pas perdu de temps en studio ni sur un mot ni sur une note. Et, de toute façon, c'était un rôle qui lui convenait tellement bien, c'était un peu un rôle qu'il a dans la vie, parce qu'il raconte bien les histoires : il est captivant et il est allé chercher au fond de lui-même, mais ce n'était pas du tout artificiel.

*

Laurent Jérôme, programmateur à RTL

Je lui avais proposé de faire un concert pour la fin d'année sur RTL. Le jour du concert, lorsqu'il est arrivé, il était magnifique, très élégant, en costume prince-de-galles. Il m'a attrapé et m'a dit : « C'est à cause de toi que je suis obligé de bosser la veille de Noël ? »

*

Véronique de Villèle (Véronique et Davina)

Avant un concours de pétanque à Bandol où il faisait très chaud, j'ai fait du zèle en voulant lui éviter de se baisser pour ramasser ses boules en lui offrant un ramasse-boules aimanté. Il m'a regardée et m'a dit : « Tu te fous de moi, Véro, avec ce truc-là j'aurai l'air d'un vieux ! J'en veux pas ! » Il avait 89 ans !

*

J'adorais quand, dans sa maison du Sud, après un déjeuner, il me disait : « Bon, allez, tu viens, Véro, je vais au bureau... » Son bureau, c'était son boulodrome perso !

*

Il adorait tellement le jeu. Un jour, près de sa piscine, il me dit : « Qu'est-ce que tu fais, toi, Véro, si un jour tu gagnes au Loto ? » Alors on partait dans des délires de malade… Et il me dit : « Viens avec moi au village ! » En arrivant au tabac du coin, il dévalise littéralement la boutique… Tickets de grattage pour offrir à tous ses copains, tickets de Loto, tickets de tiercé, ensuite virée chez le libraire et là il achète des magazines d'avions, de bateaux et de voyages de rêve… Et avec son regard d'enfant quand on arrive à la maison, il dit : « Allez, maintenant on va choisir ce que je vais acheter parce que c'est moi qui vais gagner ! Alors j'achète une Rolls, un gros avion pour emmener tous mes potes en vacances et je choisis une belle destination… » etc., etc., etc., etc., et ça pouvait durer des heures…

*

Dédé Ceccarelli, batteur de jazz qui a joué avec Henri

Ce qui me vient tout de suite à l'esprit, derrière le personnage très amusant, provocateur, profondément musicien, hypersensible, ce sont deux chansons qu'il n'arrivait jamais à finir car il fondait en larmes : « Avec le temps » et « Quand un artiste ». Et aussi lorsqu'il prenait sa guitare, son visage changeait, il redevenait lui-même : le merveilleux « Henry The Swing Man ».

*

Véronique Berecz, responsable des relations extérieures du musée Grévin

Le monde est petit, j'apprends que Catherine et Henri sont à Las Vegas au même moment que nous, qui allions rencontrer Céline Dion et René Angélil pour réaliser le personnage de René. René nous invite très gentiment à découvrir le merveilleux restaurant de Joël Robuchon un soir de notre séjour. Dans la conversation, je dis à René qu'Henri et Catherine Salvador sont aussi à Las Vegas et que nous allions les voir et prendre un verre ensemble ! « Très bien, dit René, invitez-les à passer la soirée avec nous. » C'est ainsi que nous nous sommes retrouvés chez Joël Robuchon à Vegas pour un dîner où Henri était d'une forme olympique ! Nous qui avec le décalage horaire commencions à piquer du nez, à 2 heures du matin, Henri, en pleine forme, était prêt à partir vers sa passion qu'est le jeu. La raison l'emporta et surtout notre fatigue à nous : nous sommes tous allés nous coucher la tête remplie des fous rires de cette soirée.

*

Quant à Grévin, c'est grâce à Henri que son personnage rit. Effectivement, lors de notre rencontre, il était en relation avec une société afin de préparer un jouet parlant et chantant. Il eut l'idée de nous proposer de sonoriser (avec l'aide de cette société) son personnage de cire, et c'est ainsi qu'une première mondiale exista : premier personnage de cire à rire, puisque c'est son rire qui a été enregistré. Son rire si communicatif qui continue à en faire rire plus d'un !

*

Charley Marouani, agent d'Henri

Juste après la mort de sa femme Jacqueline, je devais faire un long voyage. Henri m'a dit : « Je pars avec toi ! – Mais ça fait vingt ans que tu n'as pas pris l'avion ! » Il m'a dit : « Je viens ! » Je devais faire Paris-Los Angeles-Tahiti-Tokyo. J'ai pris son billet, je lui ai donné rendez-vous à l'aéroport Charles-de-Gaulle, persuadé qu'il ne viendrait pas. Et il est arrivé. À l'aéroport, il a vu pour la première fois de sa vie un Boeing 747. Dans l'avion, il regardait par le hublot, il disait : « Regarde comme c'est beau ! – Mais, Henri, ce sont des nuages ! »

*

Louis Chedid

Comme beaucoup de ma génération, j'ai entendu Salvador pour la première fois par maman interposée me chantant « Une chanson douce » pour m'endormir et y arrivant. *Nec plus ultra* de la berceuse qui (je ne l'ai su que bien plus tard) ne s'appelle pas du tout comme ça.

À l'époque, je pensais que cette chanson existait depuis la nuit des temps.

*

Henri fut un des premiers à avoir un studio d'enregistrement chez lui. Au début des années 1980, j'étais en train d'équiper le mien et j'ai appris qu'il vendait son magnéto « 3M-24 pistes ». Je me suis retrouvé place Vendôme, nous avons discuté technique toute l'après-midi et puis je suis reparti avec l'appareil ; non pas sous le bras (200 kilos à l'époque !) mais dans le camion de déménagement.

*

À la fin d'un dîner d'après-concert à Pleyel, auquel participaient, entre autres, Corinne et Gilles Benizio (*alias* Shirley & Dino), nous l'avons accompagné, Gilles et moi, bras dessus, bras dessous, jusqu'à son taxi en rigolant. Avant de monter dans la voiture, il m'a juste dit : « Comment se fait-il qu'on ne se soit pas vus plus souvent ? » Je n'ai pas eu besoin de répondre pour qu'il sache que je pensais exactement la même chose.

*

Alain Lahana, tourneur, producteur (Le Rat des villes)

LA GUYANE :

Quand j'ai monté cette tournée aux Antilles, qui était la première fois où Henri allait jouer là-bas, pourquoi la première fois ?, il m'avait dit que personne ne lui avait demandé avant, ce qui est quand même plutôt marrant. On a donc monté la Guyane en dernier, à sa demande. À quelques semaines de partir, on discute avec sa femme Catherine des problèmes qu'a Henri avec les escaliers. Donc, à partir de là, je change l'hôtel qui était initialement prévu à Kourou, là où logent les ingénieurs de l'aérospatiale, pour le mettre dans le centre-ville de Cayenne dans un hôtel où tout est plat, avec des ascenseurs, sans savoir quoi que ce soit de son enfance. C'était un hôtel moins bien, de base. En atterrissant à Cayenne, on est accueillis par tout le protocole, Miss Guyane, etc. Et Henri part avec Catherine en demandant au chauffeur la rue de la Liberté, là où il est né. Le chauffeur l'emmène rue de la Liberté, ça lui dit que dalle ! Henri est très déçu. Le lendemain, on se retrouve avec Catherine et Henri, on déjeune au restaurant Paris Cayenne, à côté de l'hôtel, et, là, il me dit : « J'ai vraiment l'impression d'avoir dormi dans la chambre de ma mère ! » J'appelle le maire de Cayenne

qui me confirme que la rue de la Liberté a été déplacée; elle s'appelle l'avenue du Général-de-Gaulle depuis la fin de la guerre. L'hôtel Amazonia, que j'avais réservé et là où a dormi Henri, a été construit sur l'hôtel des impôts. On était donc là où il est né et a vécu les sept premières années, il l'avait ressenti. Le soir du concert, avant de commencer à chanter, il a dit, tout ému : « Hier soir, j'ai dormi à la maison, j'ai dormi chez moi ! » Et, le lendemain, il a raconté cette anecdote à la presse : les journalistes étaient bouleversés.
En fait, il avait dormi dans la chambre de sa maman, dont il disait avoir hérité de la douce voix et qu'il adorait toujours, même à l'âge de 85 ans.

*

LA GUADELOUPE :
On arrive donc en Guadeloupe, l'unique tournée d'Henri aux Antilles. Le chauffeur, qui est fourni par la production avec le minivan, qui était en fait une camionnette de livraison, arrive. Et comment s'appelait le chauffeur ? Le chauffeur s'appelait Zorro... Et on est allés inaugurer l'espace Henri-Salvador, qui est resté une année, le temps qu'il prenne feu !

*

NOUMÉA :

On a fait le vol Paris-Tokyo-Nouméa. On arrive : conférence de presse, et on part sur l'île des Pins pour se reposer et récupérer du décalage horaire. L'endroit magnifique, les bungalows sublimes. Henri dit : « Bon, je vais faire une petite sieste ! » Il a dormi dix-sept heures.

*

JAZZ :

Un jour, je lui prête le DVD « Piano Blues » réalisé par Clint Eastwood, sur les grands musiciens de jazz. Le soir, au dîner, Henri était bouleversé. Il les connaissait tous et avait une anecdote personnelle sur chacun d'eux...

*

Catherine Salvador

LA GUADELOUPE :

Chaque fois qu'Henri croisait François, le producteur local, qui mesurait 1,98 mètre et pesait 120 kilos (Henri ne faisait que 1,69 mètre), il lui disait : « Toi, je ne te dirai jamais merde ! »

Quand on est arrivés en Guadeloupe, à côté de l'hôtel, il y avait la salle de concert qui devait être là, et c'était un champ. Je dis à Alain, le tourneur : « Mais c'est quoi ce champ, c'est pas possible, elle est où, cette salle ? » Il me répond : « Ils sont en train de la construire ! » Il n'y avait rien, il n'y avait que deux ou trois pelleteuses. C'était un champ de boue. Et cinq jours après, Henri devait chanter là ! Et Alain nous disait tout détendu : « Ne vous inquiétez pas ! » Et chaque jour, quand on passait devant pour aller déjeuner ou dîner, on voyait ce champ plein de boue. Ils ont fini par monter la salle. Et on a même eu des loges « en dur », décorées par l'ancien physionomiste du Palace de Paris, à la grande époque du Palace. On s'est retrouvés dans une ambiance kitsch avec des poufs en peau de zèbre, des tentures en léopard… Et quand on sortait de la loge, on s'enfonçait dans la boue jusqu'aux genoux. Mais, pour Henri, ils avaient installé un chemin solide pour qu'il puisse aller jusqu'à la scène sans se salir.

*

LES VIEILLES CHARRUES (BRETAGNE, JUILLET 2001) : Le 19 juillet 2001, lendemain de son anniversaire, Henri était en concert au festival des Vieilles Charrues en Bretagne. La structure de ce festival est très, très lourde, il y a plus de 60 000 personnes, beaucoup de loges assez loin de la scène. C'était l'année de la tournée où Henri était habillé en blanc : costume blanc, chaussettes blanches, chaussures blanches. Il avait beaucoup plu, et il y avait de la boue partout. Entre sa loge et la scène, il y avait au moins deux cents mètres à faire. Juste qu'il ne fallait pas qu'il se salisse car il chantait sur une grande scène devant 70 000 personnes. Thierry, le garde du corps, et Guy Marseguerra, le régisseur, l'ont pris par-dessous les bras, et Henri s'est retrouvé à pédaler dans le vide au-dessus de la boue. Comme il était déjà appareillé de ses oreillettes pour chanter, il avait le retour des 70 000 personnes qui lui chantaient « Joyeux anniversaire ». Avant même de prendre son micro, il est monté sur scène en larmes… C'était un très beau cadeau d'anniversaire…

*

PIMENT :

Au tout début, quand j'étais avec Henri, il voulait me parler de ses racines. Il m'a emmenée au restaurant La Créole, boulevard Montparnasse. Je ne connaissais pas les us et coutumes de l'alimentation pimentée d'Henri. Autant un mauvais vin pouvait lui donner des brûlures d'estomac, autant il pouvait manger des tonnes et des tonnes de piment. Au restaurant, il en demande au patron. Il lui amène un bocal avec du piment, et Henri dit : « Non, je veux du vrai ! » Et il le mangeait comme on mange une pêche, il croquait dedans à pleines dents, sans toucher les lèvres, car le piment brûle. Arrivé à la maison, il est allé aux toilettes, et là je l'ai vu sortir en courant, se tenant l'entrejambe. Il avait juste oublié de se laver les mains après avoir mangé ses piments. Il montait, descendait, courait dans tous les sens dans l'appartement, mais le mal était fait. J'en pleurais de rire.

*

Henri avait un petit tour de tête, il faisait du 53. Pour lui trouver des chapeaux ou des bobs pour aller jouer aux boules, j'étais obligée d'aller dans les magasins pour enfants : Catimini, Baby Gap…

*

Henri n'avait pas peur de la mort, il n'avait pas peur des hôpitaux, mais il était terrorisé par les piqûres. Un jour, il devait subir une petite intervention en service cardiologie. À l'hôpital, il devait faire une prise de sang, pour les analyses préliminaires. Henri disait : « J'veux pas, j'veux pas... » Je le rassurais en lui expliquant que c'était obligatoire avant chaque intervention. Comme nous avions quelques relations dans cet hôpital, ils nous ont recommandé une super infirmière du service de pédiatrie, c'est elle qui s'occupait des nourrissons. On descend donc à l'étage des nourrissons, on se retrouve dans une pièce avec des couveuses, des berceaux... Et mon Riton sur une table. L'infirmière lui met de l'anesthésiant sur le bras et laisse poser pendant une heure sur le bras, comme pour un bébé. Et, au bout d'une heure, on a pu lui faire sa prise de sang. Quand je suis remontée avec les tubes pour les donner au laboratoire d'analyses, l'infirmier m'a demandé : « Quel âge a l'enfant ? »

*

Quand il croisait une fille avec une belle poitrine, il disait : « Oooh, jolis poumons ! » La jeune fille souriait et disait : « Ouhhh ! » Il répondait : « Ne vous inquiétez pas, à mon âge, je ne peux pas vous faire grand mal ! » Les filles s'imaginaient que c'était un papy, alors qu'il était encore très vert, et qu'en fait il se régalait, il en profitait...

*

Lorsqu'il rencontrait un petit garçon de 4 ou 5 ans, qui venait, timidement (mais poussé un peu par la maman), lui dire qu'il le connaissait, qu'il chantait ses chansons, Henri lui répondait : « Mais, bien sûr, on s'est rencontrés en prison !… »

*

Devant une petite fille, il lui disait : « T'es jolie, tu l'as fait exprès !!! »

*

Un jour, Henri fait une émission de TV aux États-Unis avec Quincy Jones et Paul McCartney. Il faut savoir qu'Henri et Quincy avaient un code quand ils se voyaient. Ils ne se disaient pas : « Bonjour » ou « Hello, comment vas-tu ? », c'était « Motherfucker ! ». Donc, ils sont en direct sur le plateau, Paul McCartney est là, très *british*, très *straight*. Henri se lève, voit Quincy et hurle : « Motherfucker ! » Plusieurs années après, on est allés voir Paul McCartney en concert à l'Olympia à Paris. On se retrouve dans les coulisses, et McCartney voit Henri. Il plante tout le monde, pose son sandwich et son verre d'eau. Il prend Henri dans ses bras : « Oh, my old friend ! », et, en le serrant, lui dit : « Motherfucker ! »

*

Un été, il rentre tout excité du bureau du PMU en disant : « J'ai gagné, j'ai gagné !!! Il me faut absolument mon passeport, donne-moi mon passeport ! » Il prend son passeport et il me tend son ticket : « J'ai gagné 9000 euros ! C'est trop chouette ! J'suis content, j'suis content ! » À ce moment-là, je regarde le ticket et je lui dis : « Henri, tu t'es trompé dans la virgule, c'est 90000 euros ! » Il est parti, il n'a pas eu le temps de mettre le moteur en marche qu'il était déjà au PMU.

*

La machine à laver tombe en panne. J'appelle le service après-vente du revendeur. Le réparateur arrive. Premier réflexe : il regarde le filtre. Nous étions à table. Le technicien arrive avec une énorme poignée de cure-dents en plume d'oie. « Voilà pourquoi la machine ne marchait plus ! » nous dit-il. Il a posé les cure-dents sur la table, et Henri a dit : « Ah, super, mes cure-dents, ils sont tout propres ! »

*

Quand Henri jouait aux boules, il était mauvais perdant. Si les copains mettaient des points et qu'il perdait, il disait : « Allez, encore un point pour les pédés ! »

*

À la belotte ou aux boules, quand quelqu'un demandait : « Bon, qui commence ? », Henri répondait : « Au con qui le demande ! »

*

On va faire une émission TV à Montréal, on me prévient, moi, que le journaliste Michel Jasmin, qui va faire l'interview d'Henri a eu un grave accident de voiture dans les années 1970. Il a été amputé des deux jambes. Il continue à faire son métier de journaliste. Il a une vie normale, il est juste sur un fauteuil roulant. J'oublie de prévenir Henri sur le chemin qui nous mène au studio TV. Nous arrivons, le journaliste est déjà installé dans le studio, assis derrière sa table. Ils se saluent, Henri s'assoit et l'émission démarre. Michel Jasmin commence l'interview avec des questions vraiment très bien, très profondes. Et, tout à coup, Henri lui dit : « Arrêtez, vous savez, mon métier, ce n'est que du plaisir ! Le matin, je me lève, je me régale, ce n'est que du bonheur. Chanter, aller sur scène, c'est un cadeau de la vie ! Quand on choisit un métier, on le fait avec passion, c'est facile ! Prenez par exemple un chirurgien. Un matin, il se lève, il est mal luné parce qu'il n'a pas aimé ce qu'il a choisi comme métier, le premier patient, pof ! il lui coupe les deux jambes, on n'en parle plus. » Et là, grand silence ! Et Michel Jasmin répond : « Ah, j'ai eu de la chance, j'ai eu un bon chirurgien ! » Sur le coup, Henri n'a pas compris l'allusion. C'est après, à la fin de l'émission, quand il a salué le journaliste, qu'il a vu qu'il était amputé !!!

*

Henri a commenté les championnats du monde de pétanque avec Daniel Lauclair (journaliste à France Télévisions). Pendant le direct, le journaliste dit : « Vous voyez, un joueur qui approche si près du bouchon, c'est un génie ! » Et Henri lui répond : « Non, c'est un emmerdeur ! »

*

Sur les conseils d'une amie, j'ai décidé de prendre un coach pour maintenir Henri en forme. Le coach vient donc à la maison, il fait faire des petits exercices à Henri. Puis, il lui demande de s'allonger sur un tapis de gymnastique pour une série d'abdominaux. J'étais en train de travailler à mon bureau, et je vois arriver le coach. « Excusez-moi, madame Salvador, j'ai un petit souci ! Est-ce que vous pouvez venir ? » Je quitte mon bureau et, dans le salon, je vois mon Henri allongé sur le tapis, endormi… C'était un bon dormeur, il pouvait s'endormir n'importe où, et n'a jamais pu faire d'abdominaux !

*

Du matin au soir, c'est un enfant qui ne pense qu'à s'amuser, qu'à rire, qu'à rendre heureux les gens autour de lui. Son premier geste le matin, c'est un sourire ; le premier geste avant de dormir, c'est un éclat de rire. C'est très facile de tomber sous le charme.

*

Maurice Pon, auteur de « Le Loup, la Biche et le Chevalier », entre autres…

En 1953, de Cancon où habitaient mes beaux-parents, nous partîmes pour Nogaro, où d'ailleurs l'un de mes amis, Pierre Marboutin, participait à une course de stock-cars ; le soir nous avons assisté au spectacle de Salvador. Le gala avait lieu sous un chapiteau. Au début du spectacle, il y avait la chanteuse Paulette Rollin, Henri passait en américaine, la vedette étant un comique qu'on dirait un peu ringard maintenant, mais dont le nom était connu [Félix Paquet]. Nous assistâmes donc au succès de Salvador et nous eûmes la surprise d'entendre les braves paysans assis à côté de nous s'exclamer, étonnés en le voyant faire ses sketches : « Mais il fait le comique maintenant ??!! » C'est dire qu'il était connu à l'époque surtout comme chanteur de charme : il était accompagné au piano par un jeune, Michel Legrand (excusez du peu), et Maurice Favières lui lançait des répliques pour ses sketches depuis les coulisses. Le soir, après le spectacle, comme c'était la fête au village, nous sommes allés faire les fous aux autotamponneuses. Inutile de vous dire si la voiture de Salvador et celle de notre ami champion de stock-car étaient visées. Nous nous sommes quittés fort avant dans la nuit après avoir bien rigolé et chahuté dans les rues de Nogaro, mais les reins un peu meurtris par les autotamponneuses.

*

Après les obsèques de Jacqueline, Henri vint habiter chez nous à La Varenne où nous avions modernisé une chambre à son intention : il y passa un an, venant y coucher tous les soirs; il avait les clés et rentrait souvent tard dans la nuit; il garait sa voiture devant la maison, souvent devant un garage de réparations. C'était une Cadillac Diesel (!?). En hiver, il ouvrait le capot et le recouvrait d'une couverture. C'était folklorique ! Un matin, le garagiste vint sonner chez moi : « C'est chez vous la Cadillac qui est devant chez moi avec une couverture sous le capot ? » Quand il apprit que c'était celle de Salvador, il se radoucit. Je réveillai Henri qui vint la changer de place et alla se recoucher.

*

Tous les week-ends se passaient à Jersey. Le samedi matin, lorsque Henri était réveillé, on allait jouer à la pétanque. Il essayait de me perfectionner dans ce sport, mais j'étais vraiment un amateur alors que lui était un vrai pro. Je me faisais régulièrement « engueuler » par le champion, et, après quelques parties, nous rentrions à la maison. Henri allait à la cuisine et c'est lui qui confectionnait des menus à sa façon, et avec des recettes toutes personnelles. Sa spécialité était le pintadeau au pastis avec des petits pois (dont il raffolait).
Du temps de Jacqueline, Henri ne faisait pas des repas normaux. Il se nourrissait de graines de sésame et autres produits diététiques mais il entretenait sa forme en faisant du yoga. Par un Chinois, d'un restaurant proche de son domicile place Vendôme, il faisait venir des racines de ginseng (à l'époque cela n'était pas commercialisé) et les faisait bouillir en concoction qu'il buvait régulièrement. C'était sans doute là le secret de sa vitalité.

*

Philippe Lavil

Tout le monde sait que Jacqueline enfermait Henri dans son studio pour qu'il travaille. Un jour, j'étais chez eux, et elle nous enferme dans le studio. Voyant ma tête, Henri me dit : « T'inquiète pas, mon pote ! » Derrière des bouquins, il sort deux bouteilles de rhum... Quand, le soir, Jacqueline a ouvert la porte du studio, elle nous a retrouvés outre-soûls...

*

C'était un peu, beaucoup, mon parrain dans la chanson. Ma maman me chantait « Une chanson douce » quand j'étais tout petit ; je l'ai chantée pour mes sœurs, pour mes enfants, et mes enfants la chanteront pour leurs enfants, et ainsi de suite...

*

Jean-Jacques Peroni,
humoriste et comédien français

Un jour, Laurent [Gerra] m'a appelé et m'a dit : « Tu te rends compte, Henri Salvador voudrait qu'on lui fasse les enchaînements de son spectacle à l'Olympia ! – Pourquoi nous ? » Il me dit : « Il paraît qu'on est les seuls à le faire rigoler ! » Nous avions rendez-vous à l'hôtel InterContinental, Catherine était là. Ce jour-là, je faisais « Les Grosses Têtes », donc je leur dis que j'arriverai un peu en retard. Je me fais déposer devant l'hôtel, j'arrive dans la salle du restaurant. Et puis, moi, je ne connaissais pas personnellement Henri Salvador !… Inutile de vous le dire… Je l'avais croisé dans des loges, comme ça… Je me souviendrai toujours, c'était l'hiver, Henri avait son manteau avec son grand col de fourrure. Il me voit arriver et me lance : « Tu viens de Bretagne, toi ? J'ai fait faire du homard… Ça te va, du homard ? » On se met à déjeuner, et, tout en parlant, Henri nous dit qu'il n'a pas envie d'apprendre par cœur les enchaînements. Ce que je comprends, c'est d'un chiant. Donc, nous lui avons soumis l'idée qu'avait eue Dean Martin ! Des télégrammes dans la poche… En discutant, on apprend que c'est la première fois qu'il va faire l'Olympia ! Je lui dis : « Bah, pourquoi vous ne l'avez pas fait avant ? Vous avez couché avec Mme Coquatrix ! » Et, là, il éclate de rire : « Ah, ah ! Mettre un coup à Paulette à son âge ! » On était à table, vous imaginez ! Je pense qu'on devait parler un peu fort, et il y avait quelques personnes qui déjeunaient dans cette grande salle à manger de l'hôtel. À un moment, ce devait être deux couples d'Anglais ou d'Américains, les bonnes femmes se font livrer leurs manteaux de fourrure ; le vestiaire leur amène. Et Henri, qui avait lui aussi un manteau avec un col de fourrure, se lève et lance : « C'est la luuuuuutte finaaaaaale ! »

*

Gilles Benizio (Shirley & Dino)

Je n'oublierai jamais cette représentation où pendant tout le spectacle le rire d'Henri retentissait au-dessus des rires du public. On ne savait plus si les spectateurs riaient des effets comiques de la pièce ou étaient entraînés par les éclats de rire d'Henri.

*

Emmanuel Donzella,
auteur-compositeur-interprète

Un jour, il m'appelle pour me dire qu'il allait m'envoyer des musiques. Quelques jours plus tard, je reçois une enveloppe chez moi avec une cassette audio. Je ressors mon lecteur de K7 que j'avais rangé au fond d'un placard, je le dépoussière, je le rebranche et je mets la K7. Et, là, j'entends un bruit très sourd d'un BX des années 1980 avec une musique, et je me dis que ça ressemble vraiment à une chanson de Carlos Jobim que lui-même a composée en s'inspirant d'une musique de Chopin. Quand Jobim la joue, c'est d'une inspiration claire, comme Gainsbourg qui a repris Chopin. Et ce que m'envoie Henri, c'est cette chanson-là, mais mal jouée. Et je me dis : « Qu'est-ce que c'est que ce truc ! » À mon avis, c'est le « dîner de cons », ils sont deux, trois grands chanteurs et ils envoient des K7 pourries à des jeunes chanteurs. Je n'ose pas lui dire et l'appeler en lui disant : « C'est quoi ce bordel ? » Je ne dis rien et, pendant deux jours et deux nuits, je travaille sur le texte, en me disant qu'il faut absolument que je ponde un texte. Je lui écris le texte, je lui envoie, et il me rappelle en me disant : « C'est magnifique. J'ai trouvé un super auteur, t'es pas dans la merde, maintenant tu vas bosser ! » Je lui dis rien évidemment parce que je suis trop content qu'il aime mon texte. Je vais pas lui dire : « Tu me refais la musique car ça ressemble trop à Jobim ! » Il me dit qu'il va faire l'album au Brésil, que Jaques Morelenbaum [musicien de Carlos Jobim, chef d'orchestre brésilien] va arranger et réaliser l'album… Mais peut-être qu'on va me dire que c'est « Surprise sur prise » : « On s'est foutus de toi ! » Et un jour, je vais chez V2, le label d'Henri, et ils me font écouter des maquettes de « Les amours qu'on délaisse », la chanson qu'on a faite avec Henri. L'album sort, donc il n'y a pas eu de supercherie ! Et, bien plus tard, Henri me dit : « Tu ne trouves pas que ça ressemble à un truc ? » Et, là, ça m'a soulagé. « Mais oui, ça ressemble un peu à Jobim qui lui-même a pompé sur Chopin. »

*

Henri m'a toujours tiré les larmes, je ne sais pas pourquoi. C'est quelqu'un qui m'a toujours ému. Un jour, je l'ai appelé pour lui demander de venir chez moi pour lui faire écouter les mix de mon dernier album. On s'est retrouvés tous les deux dans le studio. On a parlé du Brésil. Je lui ai fait écouter des titres de bossa. Et, tout à coup, il s'est mis à pleurer. Il rentrait du Brésil, il m'a dit : « Si tu savais l'accueil qu'ils m'ont fait là-bas ! »

*

Il m'a donné envie d'écrire des chansons... différentes. Il a toujours représenté pour moi l'art de déconner en faisant des choses magnifiques. C'est aussi l'enfant le plus âgé que j'ai connu !

*

Alice Perles, amie intime

Avec notre amie Josette, nous nous demandions toujours comment il allait arriver sur un terrain de boules, car question vestimentaire il s'en fichait royalement. Et, un jour, il est arrivé avec dans sa valise que des chaussettes trouées.

*

Nous étions gare du Nord, Henri, Josette et moi. Nous devions aller je ne sais où ! Henri nous demande de lui prendre le bras et de l'encadrer pour passer un peu inaperçu. D'un coup, on l'assoit sur un banc et on part acheter la presse. Et quand on est revenues, il était entouré de gens qui lui demandaient des photos et des autographes… Il nous a dit : « Ah, vous me la recopierez celle-là ! »

*

Érik Orsenna, de l'Académie française, écrivain

Ce qui est merveilleux dans la musique d'Henri, c'est qu'elle permet un voyage permanent, c'est une musique sans ghetto. Tant de compositeurs choisissent un type de musique et s'y tiennent.

Chez Henri, on ouvre les portes, sans cesse. On accueille le dernier visiteur, on lui propose de faire un bœuf, on navigue d'île en île, sa musique est un archipel de mélodies, et l'unité de ses musiques, même les plus tristes, c'est la gaieté. La gaieté est pour moi plus qu'une politesse, une véritable chevalerie. Tel était Henri : un double chevalier du voyage et du sourire (le sourire, le plus pudique, celui qui cache les larmes).

*

On commence par écouter la face A, puisque c'est la face du succès, et puis on découvre la face B. Pendant un an on la préfère à la face A, et puis on revient à la face A, et ainsi de suite jusqu'à la fin de la vie.

*

Laurent Voulzy

Henri représente beaucoup de choses pour moi. C'est bizarre, j'étais client des deux Salvador ! C'est-à-dire, on est tous un peu double, chacun d'entre nous. On peut être triste, gai. Henri a les deux facettes, même si le fond de lui-même est plus musicien, mélodiste ou chanteur crooner. J'adorais, quand j'étais beaucoup plus jeune, le voir dans ses émissions TV, il faisait rire la France entière, et je riais comme toute la France. Et, en même temps, j'étais déjà très amateur des jolies mélodies. Je me rappelle, c'est ma maman qui écoutait les faces B de ses disques, et qui me disait qu'on n'entendait pas assez les chansons douces, les jolies mélodies. Je l'avais vu jouer de la guitare, je trouvais qu'il en jouait tellement bien. Du coup, j'ai appris à jouer. Ma mère m'a dit un jour : « Il joue de la guitare, tu joues de la guitare ! Il écrit des chansons, tu écris des chansons, il est originaire de notre pays ! Va le voir ! Il pourrait te produire car il produit de jeunes chanteurs ! »

En fait, je n'ai jamais osé aller le voir !

*

Henri a toujours été très sympa avec moi, il y avait quelque chose de particulier entre nous, probablement une histoire un peu semblable qui nous rapprochait : originaire des Antilles, même couleur de peau, la musique au sens large, la guitare… mais je suis moins drôle que lui !

J'entretenais une sorte de filiation musicale. Au fil des ans, c'était un peu comme un papa, on ne se l'est jamais dit !

J'avais l'habitude de faire des orchestrations pour des artistes. La maison de disques d'Henri me sollicite pour trois ou quatre enregistrements sur son album. J'étais très flatté, et j'accepte. Je vais chez Henri que je n'avais jamais rencontré. J'étais très impressionné. Il était dans son studio, je m'installe. Il me fait écouter une première chanson à la guitare. Il me demande ce que j'en pense. Puis il reprend sa guitare, et il commence à me sortir un truc, un morceau de jazz avec des accords de partout, quatre accords par mesure, avec des renversements, le plus simple étant le *mi* bémol ! J'adore le jazz, mais ce n'est pas ma culture, et je n'étais pas guitariste de jazz ! Il me joue le morceau en entier, puis me tend la guitare. Il met devant la feuille avec la grille d'accords. Il me dit : « Vas-y ! » Je commence à jouer, je mets deux minutes à trouver le deuxième accord, puis le troisième accord. Au bout d'un moment, il me regarde : « T'es pianiste !? » Et, là, j'ai changé de couleur, j'ai posé la guitare !

*

Jean-Marc Galinon,
médecin généraliste d'Henri

Un soir, alors qu'il attendait dans la salle d'attente avec Catherine, un de mes patients exactement de son âge et ayant rendez-vous avant lui me dit après que je l'eus fait entrer dans mon bureau : « Il y a un monsieur dans la salle d'attente qui ressemble à Henri Salvador comme deux gouttes d'eau mais… en plus jeune ! »

*

Henri ne pouvait pas commencer une consultation sans soit me demander une histoire drôle, soit m'en raconter une, et ses éclats de rire si communicatifs retentissaient dans le cabinet, et toute la salle d'attente, qu'il avait d'ailleurs auparavant amusée, était pliée en deux.
Cependant, quelquefois, il aimait que je lui raconte des moments de ma vie de médecin au contact de la souffrance des gens et, quand je lui narrais des épisodes douloureux ou émouvants, je voyais perler des larmes dans ses yeux… Henri était hyperaffectif…

*

Une autre fois également, une de mes patientes lisait un magazine dans lequel il y avait une photo d'Henri et de Catherine ensemble. Entre-temps, tous les deux étaient entrés dans la salle d'attente, discrètement, et Henri n'avait pas encore ri. Je fais entrer cette patiente dans mon bureau et elle me dit : « Tout à l'heure, je me suis demandé pendant quelques secondes ce qui se passait. Je croyais avoir des hallucinations car je regardais la photo d'Henri et Catherine et en levant les yeux je les ai vus en face de moi. Je me suis pincée pour savoir si j'étais dans le réel. »

J'ai proposé à cette jeune femme qui avait été d'ailleurs à tous les concerts d'Henri de faire des présentations après la consultation, ce qu'elle ne souhaitait pas car elle est très timide et ne voulait pas le gêner. Je n'en tins pas compte et lui présentai Henri qui l'embrassa comme du bon pain, et très heureux de pouvoir parler de ses concerts avec une de ses admiratrices.

*

Un jour, alors qu'Henri faisait une tournée dans toute la France, il m'appelle pour savoir si je pouvais descendre à Brive où il chantait car il savait que j'étais de la région. Je m'étonnais de sa proposition, ayant vu ses concerts, et il me répondit : « J'aimerais que tu viennes car… je ne connais personne là-bas ! »
J'y suis donc descendu en plein mois de décembre en famille, et lui ai présenté un de mes amis peintre et porcelainier venu avec ses enfants, avec qui il a tout de suite sympathisé et qui, quelque temps après lors d'une exposition de ses œuvres, a demandé à Henri de venir pour l'inauguration… Et Henri, sans hésitation, a accepté de venir avec Catherine pour le bonheur de toute la ville.
La générosité d'Henri était discrète et non… médiatique. Que de personnes de son entourage m'ont dit qu'il les avait aidées, alors qu'elles avaient des difficultés financières.

*

Jean-Luc Petitrenaud,

chroniqueur TV et radio gastronomique

Ce fou rire entre la fourchette et le couteau, c'était vraiment un vrai bonheur !

*

Chroniqueur gastronomique à France Inter, mon rêve était de passer au gril Henri Salvador. Je savais qu'il aimait déjà ma manière de croquer la table, lui, le séducteur des mots. Il fallait donc que je réussisse à l'appâter. Mon appât s'appelait Raoul Gaïga, chef de cuisine de l'hôtel InterContinental à Paris. Raoul était dans le plus joli sens du terme le « frère de lait » d'Henri, son compagnon de table et de pétanque. Les deux inventaient les mêmes mots, avaient le même accent qui se respire dans cette vallée du Rhône où le jeu de boules est comme le filet d'huile d'olive qui signe le plat sur la porte du four.

Samedi, 10 heures, Raoul kidnappe Henri place Vendôme et les deux compères débarquent à la Maison de la radio pour une rencontre gourmande. Je me souviendrai toujours d'Henri déambulant comme un somnambule dans les couloirs. « Tu me sors du lit… c'est l'aube pour moi !!! » Pourtant, Henri était « tiré » à quatre épingles. Chemise blanche éclatante de fraîcheur, costume bleu rayonnant, chaussures nickel, imperméable plié sur le bras… l'élégance absolue.

« Mais, Henri… c'est une émission de radio, lui dis-je. – Oui, mais… j'ai trop peur que les auditeurs me voient. »

Signature d'un amoureux des autres et d'un gentleman respectueux de ceux qu'il croisait.

*

Boris Vian.

Henri Salvador est la flemme personnifiée,
sauf pour ce qui est de la musique!

*

Salvador va oser être tout à fait Salvador. Il occupera enfin la place qu'il mérite, la place de quelqu'un qui change les heures en demi-heures, et vous donne la joie en échange des minutes qu'il vous a prises sous le nez, avec un grand rire et une pirouette, et un tour de chant d'acier trempé.

*

Thomas Dutronc

Henri disait qu'un guitariste était toujours subjugué par ce que faisait un autre guitariste, et *vice versa* : un guitariste était toujours un gosse de 3 ans devant un autre qui lui montrait des « plans »... ; qu'un guitariste était souvent complètement bluffé en voyant faire un autre guitariste, y compris par des choses que lui-même savait faire!

Il mimait le guitariste hypnotisé et ridicule avec une de ces grimaces géniales dont il avait le secret, ce qui soulignait ses propos de manière à faire taire tout propos contradictoire ou indigné de ma part! Surtout qu'il avait raison, le bougre...

*

Laurent Baffie

Un jour, Henri est venu voir ma pièce *Toc Toc*. On n'entendait que lui dans la salle ! Et il a même réussi à faire rire les comédiens sur scène.

*

Bruno Philippart, attaché de presse d'Henri

Il y a quelques années, nous étions partis à Las Vegas pour enregistrer un show TV « spécial Céline Dion ». J'étais en charge de la promotion d'Henri, de l'accompagner et surtout gérer les billets retour. Henri était accroché à ses bandits manchots [machine à sous] jusqu'au dernier moment. Je lui ai demandé de partir pour ne pas rater notre avion pour Los Angeles et Paris. Dans le taxi, je me suis aperçu avec horreur que les horaires sur le billet était en fait le départ Los Angeles-Paris et non pas Las Vegas-Los Angeles. Alors que je courais dans tous les sens pour attraper la navette jusqu'à Los Angeles, j'ai réussi à faire patienter le vol Los Angeles-Paris. Mais il faut savoir que l'aéroport de Los Angeles est immense. Nous avons attrapé un fauteuil roulant, installé Henri dedans, plus les bagages cabine sur ses genoux… et nous avons traversé cet aéroport à 20 kilomètres à l'heure… Nous avons eu notre avion, et Henri est toujours resté zen…

*

Eddy Mitchell :
Henri Salvador ne se prend pas la tête, il prend le temps de vivre et il prend les choses comme elles viennent.

*

Jean-Pierre Marielle :
Un artiste exceptionnel plein d'émotion, un vrai poète...
Et il était si gai, son rire renversait tout sur son passage...

*

Pierre Barouh, auteur-compositeur-interprète
Il y a un tel déferlement de sarcasmes en ce moment, *a contrario* d'Henri Salvador qui savait utiliser le rire dans l'aspect le plus sain, le plus convivial et dans le goût du partage.

*

Régine

Le premier spectacle que j'ai vu en arrivant de Lyon, c'était Henri avec tout l'orchestre de Ray Ventura. Il faisait le chef d'orchestre, il faisait des pirouettes, il était tout en blanc.

*

Raymond Gouin, ami de quarante-cinq ans, partenaire bouliste

Chaque année, pour mon anniversaire, Jacqueline et Henri m'offraient un pull Charvet de la place Vendôme. Une année, je l'avais jaune, une année, je l'avais bleu, une année, je l'avais rouge, etc. Je ne l'ai jamais eu en vert parce que Henri n'aimait pas cette couleur… Superstition oblige…

*

Un jour, Henri m'appelle et me dit : « Est-ce que ton passeport est à jour ? – Pour quoi faire, je ne suis jamais sorti des Bouches-du-Rhône ! – On part à Bangkok pour un concours de boules ! – Et pourquoi pas sur la Lune ? » À Bangkok, nos bagages ont été livrés une heure après notre arrivée à l'hôtel. Tout le monde était en slip dans le hall, car nous avions voulu prendre des douches… Je ne vous dis pas la tête des clients en voyant Salvador en caleçon déambuler à la réception…

*

Henri était très heureux de me faire plaisir. Et moi, je cherchais toujours quelque chose pour lui faire plaisir, et, comme il avait tout, je lui offrais mon amitié qui a duré quarante-cinq ans.

*

On est partis en Martinique pour un concours de boules. Nous sommes tombés sur deux adversaires terribles ! Henri s'approche de moi et me souffle : « T'inquiète, on va leur faire boire du punch, ça va les calmer !!! » Tu parles ! Ils nous ont tout de même massacrés !!!

*

Un jour, on était dans un restaurant, et on se mettait toujours dans un endroit pour qu'Henri ne se fasse pas embêter. Henri s'installe sur la banquette au milieu et moi au bord. On était en train de manger, il arrive deux dames d'un certain âge, qui avaient fini de déjeuner. « Bonjour, monsieur Salvador ! » Elles me serrent la main, elles serrent la main d'Henri. « Pourrions-nous avoir un autographe ? » Henri leur répond : « Oui, volontiers, mesdames ! » Et les dames me regardaient, moi, alors Henri me dit : « Bah, signe-leur, toi !!! » Et je me suis retrouvé à signer pour lui...

*

Rebecca Tordjman, amie d'Henri

Un jour, nous étions boulevard Malesherbes avec Henri, assis sur un banc. On attendait sa femme Catherine qui était allée chercher la voiture au parking. Ce même jour, la mère de Catherine arrivait à Paris par le train. Henri me dit : « Tu te rends compte, à mon âge, faut que je me farcisse une belle-mère ! »

*

Georges Moustaki

Ma première rencontre est un malentendu, mais un malentendu bénéfique. Je jouais de la guitare dans un restaurant et un client m'a dit : « Vos chansons conviendraient à Salvador. Allez le voir de ma part ! » J'avais 20 ans, on est en 1955, je ne me le fais pas dire deux fois. Je vais le voir dès le lendemain, il jouait à l'ABC. Je passe par les coulisses, frappe à la porte de sa loge, sa femme Jacqueline ouvre et me dit d'entrer. Je m'aperçois qu'elle a un accent égyptien. Je suis moi-même d'Alexandrie. Elle s'est présentée et on s'est mis à parler comme de vieux amis. Salvador est arrivé, il a cru que j'étais un vieil ami de sa femme. Il m'a invité au concert, puis au restaurant. Il m'a demandé depuis combien de temps je connaissais Jacqueline. Je lui ai répondu : « Quelques heures ! – Comment ça se fait que vous êtes venu me voir ? » Je lui parle du gars du restaurant. « Alors, qu'est-ce que tu chantes ? » Je lui ai montré mes chansons. Il a flashé sur une, qu'il a gardée à son répertoire jusqu'à la fin de sa vie. C'était « Il n'y a plus d'amandes ».

*

Quelque temps avant sa disparition, on s'est croisés. Il m'a dit : « Je voudrais faire un disque avec toi, car, pour moi, il y a trois auteurs à présent avec qui j'ai envie de faire des chansons : Moustaki, Moustaki et Moustaki ! »

Alain Decaux, de l'Académie française, historien

Un centenaire en 1989.
En 1989, on fêtait les 200 ans de la prise de la Bastille et les 100 ans de la tour Eiffel. Ces illustres précédents nous ont-ils inspirés ? Micheline et moi nous sommes aperçus que nos âges ajoutés – 64 + 36 – aboutissaient au chiffre 100. L'idée nous est alors venue d'un centenaire commun. Nous avons loué un hôtel particulier datant du second Empire et y avons convié nos parents et amis. J'étais ministre depuis un an : il m'a paru convenable d'y ajouter des politiques, de gauche et de droite, mais seulement ceux que j'appréciais personnellement. Cela faisait beaucoup de monde. Parmi les invités, quelques-uns ont demandé lequel de nous deux était centenaire. Micheline répondait dans ce cas : « C'est moi. » De toute façon, on s'embrassait beaucoup. L'arrivée d'Henri Salvador n'est pas passée inaperçue. Nous l'aimions autant que nous l'admirions : c'est dire. Ses fidèles se sont effacés afin qu'il puisse s'engouffrer dans la masse humaine. Les conversations atteignaient un tel niveau sonore que l'on ne s'entendait plus. Personne n'a vu Henri se glisser au piano mais, quand il s'est mis à chanter « Syracuse », tous l'ont entendu : aucun de nos invités n'ignorait ce chef-d'œuvre entre d'autres chefs-d'œuvre. Dès les premières mesures, on s'est tus. Aux dernières, on l'a acclamé. Quand Micheline et moi sommes allés l'embrasser, les larmes ont coulé de part et d'autre.

*

On a fait un voyage ensemble en Grèce. Et naturellement, en Grèce, qu'est-ce qu'on fait ? On va voir Delphes. Vous savez que, là, l'acoustique est tout à fait extraordinaire. Justement, nous en avions entendu parler. Henri me dit : « C'est vrai, cette histoire d'acoustique ? – Bah, puisque tout le monde le dit ! » Il n'y avait personne. « Tu n'as qu'à essayer, Henri ! » Alors, il est descendu et a commencé à chanter une de ses chansons. Malheureusement, un car de touristes est arrivé… Que des Français ! Imaginez les Français qui débarquent et qui voient Henri Salvador en train de chanter. Il a voulu s'arrêter mais les gens ont crié : « Henri, Henri ! Continue ! » Bien sûr, il est allé jusqu'au bout dans ces ruines de Delphes.

*

Charles Aznavour :

Un jour, il chante une chanson de charme : c'est merveilleux ; une autre fois, il chante une chanson drôle : c'est merveilleux ; il fait des sketches : c'est merveilleux… Il m'énerve et me ravit ! Et j'oubliais, il danse et joue de la guitare… Il sait tout faire !

*

Jacqueline Salvador, productrice des shows Salvador

Mon mari n'est capable que d'élans sublimes !

*

Ma rencontre avec Henri, c'est comme au cinéma. J'habitais l'Égypte, j'étais fiancée. Je suis venue passer deux mois de vacances en France.

Je passais devant l'ABC, j'ai vu affichés Mistinguett et Salvador. Et Salvador, pour moi, c'était le chanteur de charme, car, en Égypte, on ne connaissait pas Salvador autrement.

Je suis entrée en me disant : « Je vais entendre des chansons merveilleuses », et je me l'imaginais très beau, dans le style qu'on rêve à 20 ans.

Et, tout à coup, je vois un monsieur arriver sur scène avec une paire de moustaches, une toge rouge, il jouait le rôle d'un juge dans un sketch hilarant. Au départ, j'ai

eu comme une déception physique : « C'est ça, Salvador!? » Je m'attendais à voir un très beau garçon. Et comme j'étais au premier rang, il m'a remarquée. Et, tout à coup, il m'a regardée et j'ai vu dans ses yeux toute la bonté du monde et toute l'intelligence du monde. C'est à ce moment-là, grimé comme il était, que je suis tombée amoureuse de l'homme Salvador, et ensuite je suis tombée amoureuse de l'artiste, parce que après le sketch il a chanté Une chanson douce avec les Peters Sisters. Il était charmant et charmeur à souhait.
Et le fiancé est resté en Égypte, je n'y suis pas retournée.

*

On ne peut pas dissocier le rire et la poésie d'Henri. Henri est né avec ce rire, il est né avec cette poésie. Le jour de sa naissance, le bon Dieu a été bien inspiré. Il a tout donné à ce garçon-là. Il a mis tout en vrac dans le berceau, il a eu une multitude de dons dont il n'est même pas responsable.

*

Jacques Chancel :

Ce qui m'a toujours étonné c'est qu'Henri Salvador aurait pu être comédien, un clown sous le chapiteau, un très grand clown. Il est toujours passé à côté, parce que toute sa vie il a flemmardé.

*

Henri Salvador est un paresseux professionnel.

*

Henri Salvador a la blancheur la meilleure, celle de la pureté, parce que c'est un pur.

*

Régine Reyne,

speakerine (éditions de L'Harmattan)

Une grande partie du succès de cette revue est revenue au désopilant Henri Salvador dans son répertoire de chansons mais surtout dans son interprétation de plusieurs sketches, notamment avec les Peters Sisters. Les trois sœurs noires américaines venaient d'arriver en France. Elles baragouinaient tout juste quelques mots de notre langue. Spontanément Henri s'est offert pour leur servir de professeur, avec, je le soupçonne, une petite idée derrière la tête ; il s'est évertué à leur apprendre uniquement des mots d'argot qu'elles prononçaient avec beaucoup de conviction sans rien perdre de leur accent made in USA, ce qui bien entendu ne manquait pas de saveur et mettait en joie leur professeur.

*

Raymond Devos :

Henri est un grand clown, c'est certain, mais il a ceci de particulier, c'est un clown charmant, un clown tendre et caressant.

*

Je crois qu'il travaille beaucoup mais il se cache. C'est ça, Henri, parce qu'il doit travailler énormément quand on voit la perfection de ce qu'il fait, et les inventions : il invente des musiques, des chansons, et ça demande quand même du temps. Il est doué… mais pas à ce point-là !!! Il doit travailler clandestinement, c'est pas possible !

*

Sa carrière est une comédie musicale.

*

José Artur, journaliste, écrivain, comédien et homme de radio

Un jour, j'étais à Cannes, au Palm Beach, pour faire mon émission. Je demande à Jacqueline si Henri est là parce que j'aimerais bien qu'il soit dans l'émission. Elle me répond : « Henrri doit êtrrre en trrain de courrirr derrière certaines rrrondeurs! »

*

Henri a le cœur à l'extérieur.

*

Henri n'a jamais voulu être le bagnard du métier des variétés, poétiques et commerciales. Il a toujours fait ce qu'il a voulu en disant « flûte » aux maisons de disques et aux producteurs.

*

Ivry Gitlis, violoniste virtuose

Le rire d'Henri.
Du fond, du tréfonds, au bout des ténèbres, j'ai entendu, j'ai senti un éclat, un éclat d'obus ? Non, un éclat de rire, de rire d'Henri, Henri qui ? Henri qui rit, un éclat, c'est tout ! Et ce fut le jour où la lumière se fit, se créa, d'un éclat de rire d'Henri. Où sommes-nous ? Qui sommes-nous ? Et quand bien même serions-nous ici, où serions-nous, pour ainsi dire, si n'avait eu lieu l'éclat qui nous mit là ? Ou alors, nous ne serions qu'un éclat de rire, sans le rire d'Henri qui rit, car il ne peut faire autrement que rire, car c'est sa larme, c'est son arme, son archet et mon violon. Il n'y a rien à expliquer car il suffit d'un rire d'Henri pour rire soi-même et de soi à travers les nuages du sang et de la bêtise, à travers l'horreur des guerres et des morts ; il y a l'éclat qui éclaire et qui fait rappeler l'oubli de l'oubli et la sagesse de l'amour ; Henri qui rit et moi qui pleure. Pour tous ceux qui n'ont pas rencontré le rire d'Henri.

*

Bernard Pivot :

Henri Salvador est un anarchiste doux et joyeux.

*

Jean-Luc Hees, président du groupe Radio France
Les gens qui l'aiment bien disent de lui qu'il est un surdoué nonchalant !

*

Popeck :
Quand on voit Henri sur scène, on voit un adolescent.

*

Jacques Prévert :
Salvador, il m'aime ! J'aime Salvador.

*

Philippe Bouvard :
Henri est mon maître à rire !

*

Jacques Séguéla :
Salvador, c'est un fils de pub. Il aurait dû faire mon métier, il l'aurait fait avec cent fois plus de talent que moi. Alors que j'aurais été bien incapable de faire le sien. Il a tout compris à la modernité. C'est un homme-slogan. Il n'a pas besoin de chanter, quand il arrive il exprime déjà des choses, il est tout entier dans sa gestuelle, il est tout entier dans son sourire, il est tout entier dans ses yeux qui ont 20 ans. À 140 ans, il aura encore ses yeux de 20 ans.

*

Marcel Amont :
Il est le seul qui aurait pu faire une carrière aux États-Unis. Henri, c'est le talent et le music-hall incarnés, personnifiés. Il ne connaît pas la musique et il est plus musicien que tous les musiciens réunis. Il fait des accords d'une richesse ! Harmoniquement, il est extraordinaire. C'est un mélodiste, c'est un clown, c'est un pitre, c'est un crooner. Il sait tout faire, et il a par son physique l'exotisme. Mais lui, c'est un maître. Partout où il est passé dans le monde, il est devenu une vedette.

*

Quincy Jones :

Henri a la qualité que l'on trouve répartie normalement chez quatre ou cinq personnes. En prenant des comparaisons aux États-Unis, je dirais qu'il a l'humour de Richard Pryor, la voix de Nat King Cole et de Frank Sinatra et le talent de compositeur de Paul Simon. C'est très rare de s'entendre aussi bien sous tous les plans : personnel, amical et professionnel. C'est génial d'avoir un ami avec qui vous pouvez rire, vous pouvez pleurer aussi, ou alors le regarder jouer aux boules pendant des heures.

*

Henri est le plus grand vocaliste du monde... Indubitablement !

*

Keren Ann Zeidel, auteur-compositeur-interprète

Il peut prendre n'importe quelle chanson, la rendre douce, agréable, la chanson devient un soleil.

*

Michel Modo (1937-2008), comédien

Salvador, c'est un scandale, c'est une honte! Voilà un homme qui dort dix à douze heures par nuit, qui se lève, qui fait son petit quintet tranquille, qui déjeune ou dîne avec des copains, qui joue à la pétanque, qui fait des kilomètres pour aller à des concours de boules. Il paraît qu'il écrit des chansons, et, en plus, elles sont merveilleuses! Mais comment fait-il? Il dit qu'il fait ça en dormant, faut pas nous prendre pour des cons, hein! Moi, je dis : Salvador, c'est un extraterrestre... C'est pas possible! Et en plus, une chose qui dans le métier est rédhibitoire, il est fidèle en amitié, très fidèle! Je vais vous dire la vérité, Salvador, je ne l'aime pas! Je l'adore, définitivement!

*

Jamel Debbouze :

C'est un mélange de Frank Sinatra et de Bugs Bunny!

*

Jean-Louis Foulquier :

Cet homme était une leçon de vie !

*

Agathe Natanson, comédienne et épouse de Jean-Pierre Marielle

Jean-Pierre et Henri s'étaient rencontrés il y a une vingtaine d'années lors du Festival de Cognac. Ça avait très bien collé entre eux. On sait comment est la vie dans nos métiers, chacun est reparti vers ses activités à droite et à gauche. Je connaissais Véronique de Villèle, et elle me dit qu'elle est très amie avec Catherine et Henri. Alors, je lui dis que Jean-Pierre adore Henri, et qu'ils ne se sont jamais revus depuis ce fameux festival. Et Jean-Pierre rêverait de revoir Henri. Il serait fou de joie ! Elle décide d'organiser un dîner pour qu'ils se retrouvent. On se donne rendez-vous à Saint-Germain-des-Prés dans un restaurant. Ce devait être un dîner surprise pour Jean-Pierre et Henri, nous, les femmes, étions complices. Ce jour-là, il y a eu des grèves absolument monstrueuses, sans parler des embouteillages. Nous sommes arrivés presque à l'heure, mais Henri, de la place Vendôme, a mis des heures. On avait rendez-vous à 20 h 30 et, à 21 h 30, ils n'étaient toujours pas là. Jean-Pierre se demandait pourquoi on ne commandait pas, pourquoi on attendait. Dans sa voiture, Henri voulait rentrer, en avait marre des bouchons. Catherine appelait Véronique de Villèle pour la tenir au courant de l'ambiance dans la voiture. J'appelai Véro pour lui donner la température dans le restaurant. Bref, tout cela devenait tangent et dangereux. Jean-Pierre voulait partir et Henri voulait rentrer. Le dîner surprise s'annonçait très mal. Finalement, les embouteillages se dégagent, et Catherine et Henri arrivent. Jean-Pierre était de dos, il se retourne, et ils sont tombés dans les bras l'un de l'autre. C'était chaleureux. Toute la soirée, ils n'ont parlé qu'entre eux. Ils ont parlé de leurs femmes, de leurs déceptions, de leur métier. Et, de ce moment-là, on ne s'est plus quittés. Jean-Pierre avait cette amitié qui s'était ébauchée pendant ce festival qui s'est complètement épanouie.

*

Denis Tillinac, écrivain, journaliste

On m'avait souvent dit que je lui ressemblais, à quelques années près. Ça me flattait, j'aimais ses chansons et je lui trouvais la tête des bons emplois. Je l'ai connu tardivement, dans un de ces restaurants tenus par des Auvergnats où le snobisme n'a pas droit de cité. Connivence immédiate : sa façon gourmande d'aborder l'existence, sa gentillesse avec les gens de peu, son amour de la musique qui swingue, ses éclats de rire enfantins, sa gouaille de bidasse en vadrouille. Tout cela composait un drille nettement moins nonagénaire que son état civil, et qui d'emblée m'a paru de bonne franquette. Il m'avait à la bonne et je n'oublierai pas nos soirées complices autour d'un plat de terroir arrosé de vins de Bourgogne, avec son épouse Catherine et ce couple d'amis qui lui vouaient une affection filiale. J'aimais le lancer sur sa passion – la musique, toujours la musique, toute la musique à l'exclusion du rock. Il fredonnait sur commande les chansons tendres ou drôles de son répertoire, nos voisins de table en profitaient. Le reste à l'avenant. Il y eut cette goguette en Limousin chez des porcelainiers de Saint-Yrieix, où il me suggéra d'écrire pour lui une ou deux chansons. Il avait déjà la musique en tête, car il composait comme on respire. Il me fit parvenir le CD et je tâchai de tremper ma plume dans l'encre d'un Boris Vian. Pas si facile. Il voulait quelque chose comme un hymne à la France – la nôtre, la belle, l'éternelle, celle de Jeanne d'Arc et de la môme Piaf, pas trop celle d'aujourd'hui. Pour tout dire, il était autant que moi sujet à la nostalgie, mais sans aigreur et sans regrets. Il y eut cet énième come-back au palais des Congrès, un concert superbe et, dans sa loge, l'hommage du gratin de la chanson et du cinoche. Mes rimes sur la France lui plaisaient, semble-t-il, mais je m'étais mélangé les pinceaux sur une demi-mesure, il fallait rectifier le tir. À cette fin, nous convînmes d'un dîner dans son restaurant de prédilection, toujours le même, chez cet Auvergnat si fier de sa pratique qu'un portrait de l'artiste trônait sur un mur. Nous festoyâmes joyeusement. Il parlait de son âge en rigolant ; à peine pouvait-on présumer une ombre d'angoisse : 90 ans, ça fait un bail, il le savait. Avec ses amis, toujours les mêmes, et Catherine bien évidemment, nous nous séparâmes sur la place Vendôme, devant son domicile. Nuit tiède de printemps. Il me revient que, en poussant la porte de l'immeuble, il chantonnait : « Tilli, Tilli, Tillinac. » Il avait pris le bras de son épouse et boitillait légèrement mais ce pouvait être l'effet de nos rasades. Il est mort le lendemain matin, en moins de temps qu'il ne lui en fallait pour écrire une chanson. Obsèques de grand d'Espagne, solennisées par la présence de Sarkozy, que le violon d'Ivry Gitlis hissa à l'altitude requise en improvisant « Le lion est mort ce soir ». En écoutant cette mélopée, les gorges se nouaient, chacun se sentait orphelin d'une légende qu'on finissait par croire intemporelle. Néanmoins, le plus émouvant, ce fut cette foule d'anonymes massés spontanément alentour de l'église de la Madeleine et chagrinés comme si Henri était de la famille. Juste hommage populaire de la France qu'il chérissait comme la maman de sa chanson – la France bon enfant qu'il aurait voulu mettre en musique, et ça m'aurait tellement fait plaisir d'accoler mon nom au sien, au moins une fois. Pour l'amitié.

*

PENSE HENRI

(Paroles et musique : Henri Salvador)

Je viens d'écrire une petite chanson
Dans le titre, il y a mon prénom
Pense Henri et tu ris

Si t'as des emmerdements
Mon petit truc est épatant
Pense Henri et tu ris

En rentrant dans ton appartement
Tu trouves ta femme avec son amant
Pense Henri et tu ris

Si ton banquier t'annonce, navré
Que ton pognon s'est envolé
Pense Henri et tu ris

Ne fais pas voir sur ton visage
Que tes ennuis font des ravages
Pense Henri et tu ris

Si dans la rue, on fauche ton blé
Ton carnet de chèques et puis tes clés
Pense Henri et tu ris

l'humour
au cherche midi

Collection « les pensées »

Pensées, textes et anecdotes **d'Alphonse Allais**

Les Pensées **de Jean Amadou**

Les Pensées **de José Artur**

Pensées provisoirement définitives **d'Yvan Audouard**

Pointes, piques et répliques **de Guy Bedos**

Les Pensées **de Tristan Bernard**

Les Amuse-Bush

Pensées, répliques et anecdotes **de Francis Blanche**

Pensées et répliques **de Bertrand Blier**

Mille et une pensées **de Philippe Bouvard**

Les Pensées des boulevardiers : **Alphonse Karr, Aurélien Scholl, Georges Feydeau, Cami**

Les Pensées **d'Alfred Capus**

Les Pensées **de Cavanna**

Pensées, répliques et anecdotes **de Claude Chabrol**

Pensées et anecdotes **de Coluche illustrées par Cabu, Gébé, Gotlib, Reiser, Wolinski**

Les Pensées **de Courteline**

Les Pensées **de Pierre Dac**

Arrière-Pensées **de Pierre Dac**

Pensées et anecdotes **de Dalí**

Les Pensées de San Antonio **de Frédéric Dard**

Les Pensées **de Jean Dutourd**

Pensées et répliques **de Jacques Dutronc**

Les Pensées **de Gustave Flaubert, suivies du** Dictionnaire des idées reçues

Les Pensées **d'Anatole France**

Les Pensées **d'André Frossard**

Pensées, provocs et autres volutes **de Serge Gainsbourg**

Pensées, histoires et anecdotes **de Michel Galabru**

Les Pensées, répliques et anecdotes **de De Gaulle choisies par Marcel Jullian**

Traits d'esprit **de Charles de Gaulle**

Pensées, maximes
et anecdotes
de Sacha Guitry

Pensées, répliques et anecdotes
des Marx Brothers

Portraits acides
et autres pensées édifiantes
de Philippe Meyer

Pensées, répliques et anecdotes
de François Mitterrand

Pensées, répliques et anecdotes
de Jean-Pierre Mocky

Les Pensées
de Daniel Prévost

Les Pensées
de Jules Renard

Pensées, répliques et portraits
de Rivarol

Pense-bêtes **de Topor illustré par lui-même**

Vracs **de Tomi Ungerer**

Pensées, répliques et anecdotes
de Jean Yanne

Je suis un être exquis
de Jean Yanne

Les Pensées
d'Oscar Wilde

Les Pensées **de Wolinski illustrées par lui-même**

Mes aveux **de Wolinski**

Collection « le sens de l'humour »

LAURENT BAFFIE
Tu l'as dit Baffie !

GUY BEDOS
Arrêtez le monde,
je veux descendre

PHILIPPE BOUVARD
Journal
Journal 1997-2000
Auto-psy d'un bon vivant,
journal 2000-2003
Le Grand Livre des Grosses
Têtes

COLUCHE
Et vous trouvez ça drôle ?
Elle est courte,
mais elle est bonne
Ça roule ma poule
Le Best of
L'Intégrale des sketches

PIERRE DAC
Les Meilleures Petites
Annonces
de l'Os à moelle
Essais, maximes et conférences

RAYMOND DEVOS
Les 40e délirants
Une chenille nommée Vanessa
Sans titre de noblesse
Rêvons de mots

PHILIPPE HÉRACLÈS
Le Grand Livre
de l'humour noir
Illustrations de Kerleroux
Le Petit Livre
de l'humour noir
Des fins pour défunts
Éternellement vôtre
Le Petit Livre des épitaphes
les plus drôles
Cent bonnes raisons d'être
mort
Feu à volonté
épitaphes inédites

OLIVIER DE KERSAUSON
Macho mais accro
T'as pas honte ?
illustré par Wolinski

LES MONTY PYTHON
Le Grand Livre
des Monty Python

MICHEL MULLER
Pas tout noir

DANIEL PRÉVOST
Un couple
de notre temps
Éloge du moi
Lettres d'adieu

PHILIPPE VAL
Allez-y,
vous n'en reviendrez pas
Allez-y,
vous n'en reviendrez pas
(la suite)
Bonjour l'ambiance
Fin de siècle en solde
No problem !
Bons baisers de Ben Laden
Les Traîtres et les Crétins

WOLINSKI
La Morale
Fin de siècle en solde

***

Imprimé en France par CPI – Firmin Didot

Dépôt légal : janvier 2010
N° d'édition : 1475 – N° d'impression : 98539
ISBN 978-2-7491-1475-0